PENSER, LIRE, ÉCRIRE

INTRODUCTION AU TRAVAIL INTELLECTUEL

PENSER, LIRE, ÉCRIRE

INTRODUCTION AU TRAVAIL INTELLECTUEL

ALINE GIROUX
RENÉE FORGETTE-GIROUX

Les Presses de l'Université d'Ottawa
Ottawa • Paris • Londres

Données de catalogage avant publication (Canada)

Giroux, Aline
  Penser, lire, écrire : introduction au travail
intellectuel

Bibliographie : p.
ISBN 2-7603-0259-8

1. Étude—Méthodes.   2. Travail intellectuel.
3. Thèses et écrits académiques.   4. Lecture
(Enseignement supérieur)   I. Forgette-Giroux,
Renée, 1940-   II. Titre.

I B2395 G47 1989   378'17028812   C89-090279-8

© Les Presses de l'Université d'Ottawa, 1989
2ième tirage Octobre 1989

Imprimé au Canada / Printed in Canada
ISBN 2-7603-0259-8

TABLE DES MATIÈRES

AVANT-PROPOS

Dans tous les milieux d'enseignement, il est question, aujourd'hui plus que jamais, de démocratisation de l'éducation et d'autonomie de l'apprenant. Personne ne contesterait le bien-fondé de ces idéaux. Pourtant, ce que l'ordre social et l'ordre scientifique posent comme faits à respecter, l'ordre pédagogique le voit comme tâche à accomplir. L'enseignement vise donc à mettre en place les conditions de la liberté de pensée et d'expression, bref de l'autonomie intellectuelle.

Ce livre est un outil pédagogique. Par des **exposés théoriques,** il veut communiquer ou rappeler certains **savoirs** fondamentaux au sujet des activités de penser, lire, écrire. Dans ses parties **atelier,** il vise à offrir certains **savoir-faire** qui permettront de s'initier aux processus de réflexion, de lecture et de rédaction. Enfin, en offrant des **exemples,** il se propose d'illustrer certains **produits** de la démarche intellectuelle.

Les processus de pensée décrits ici traversent les domaines particuliers du travail intellectuel. En effet, qu'elle soit de type empirique ou de nature théorique, la recherche ne peut commencer avant un constat d'ignorance. De là la première étape du processus de pensée : poser une bonne question. La connaissance humaine étant une œuvre communautaire et cumulative, certains éléments de réponse à la question posée se trouvent dans les travaux des autres chercheurs. De là l'importance de savoir lire, c'est-à-dire comprendre et évaluer la pensée des autres. Enfin, pour qu'une recherche contribue à faire reculer un tant soit peu les frontières de la connaissance, il faut que le chercheur sache écrire, ou exprimer sa pensée de façon adéquate. Le but de ce livre est de montrer comment faire pour arriver à mieux penser, lire, écrire.

L'entreprise d'enseigner, c'est-à-dire de former des penseurs et des chercheurs autonomes, est un défi de taille. Si elle suppose des savoirs et du savoir-faire, elle exige encore et surtout de « savoir faire faire ». Même si nous ne devions réussir que de façon minimale à enseigner à penser, lire, écrire, nous serions grandement récompensées.

Nous tenons à exprimer nos remerciements à Monsieur Jean-Paul Morisset. Sans la confiance qu'il a eue dans notre projet, sans son travail soutenu de correction, ce livre n'aurait pas existé. Les professeurs Marie-Anne Geurts, Géographie, et Vance Mendenhall, Philosophie, ont aussi par leurs questions, suggestions et encouragements contribué à l'amélioration du texte.

Ce livre est le résultat d'une collaboration. Pour fins de référence, Aline Giroux assume la responsabilité de la conception et de la rédaction des chapitres I, II, III, IV. Renée Forgette-Giroux assume la responsabilité de la conception et de la rédaction du chapitre V.

INTRODUCTION

Cet ouvrage s'inscrit dans un vaste consensus qui, depuis une dizaine d'années, en Amérique du Nord comme ailleurs, vise à revaloriser la formation fondamentale. Nombre d'universités repensent leur programme d'études de premier cycle dans le but d'y faire une large place à la culture générale et aux sciences humaines. « C'est là, estime-t-on, que les gens apprennent à penser[1]. » Quand elles décrivent la personne éduquée qu'elles se proposent de former, les grandes maisons d'éducation s'expriment de plus en plus en termes de qualités personnelles et de compétences intellectuelles. On entend promouvoir la capacité d'analyse et de synthèse, l'équilibre du jugement, la largeur et la profondeur de vue, l'ouverture à d'autres cultures.

Les universités d'aujourd'hui redécouvrent la nécessité de produire des diplômés qui auront la tête bien faite avant d'avoir la tête bien pleine[2]. Ce propos inspiré de Montaigne exprime l'esprit même de la formation fondamentale. Avoir la tête bien faite, c'est, en termes contemporains, savoir « apprendre à apprendre ». Pour que cette formule garde son sens, il importe aujourd'hui d'enseigner **comment il faut s'y prendre pour apprendre quelque chose**[3]. Le but de ce livre est de démystifier le travail intellectuel. Il s'agit essentiellement d'un atelier d'initiation à la réflexion et à l'activité de type scientifique.

Pour réussir un travail intellectuel, il faut posséder certaines aptitudes mentales, la motivation, l'énergie, certaines ressources humaines et matérielles et un minimum de moyens techniques. Mais il faut surtout une attitude, c'est-à-dire une disposition apprise et conquise, qui fait percevoir les choses et agir habituellement d'une certaine façon. Cette attitude, c'est celle de la réflexion. Pour réussir un travail intellectuel, il faut d'abord apprendre à penser. Penser, c'est vivre dans un climat intérieur d'attention, d'éveil à ce qui se passe en soi et autour de soi. Le premier chapitre et la trame de ce texte ont pour but de réfléchir sur ce que c'est que **PENSER**.

On a dit de la pensée qu'elle est une œuvre de solitaire. Pourtant, les solitaires savent ce qu'ils doivent à la communauté des penseurs. Penser, c'est savoir écouter, chercher à comprendre ce que disent les choses, les événements, les autres. Dans le travail intellectuel, c'est aussi comprendre ce que d'autres ont écrit. Le deuxième chapitre de cet ouvrage vise à montrer comment, pour penser avec d'autres, il faut apprendre à bien **LIRE**.

S'il y a, dans les termes de Montaigne, « l'ignorance abécédaire » qui précède la lecture, il y a aussi « l'ignorance doctorale » qui peut lui succéder. Autrement dit, il ne suffit pas, pour apprendre à penser, de répéter ou même d'assimiler la pensée des autres ; il faut savoir également partir de la pensée des auteurs, et *en partir*, c'est-à-dire s'en détacher, l'examiner, la critiquer, en un mot la juger. Aujourd'hui comme déjà au temps d'Aristote, les meilleurs étudiants savent à la fois prendre appui sur leurs maîtres et s'en dégager. Le troisième chapitre de ce livre cherche à faire comprendre qu'il faut lire dans le but de **SE FAIRE UNE PENSÉE.**

Il n'existe qu'une façon de vérifier la pertinence, la solidité, la profondeur, la fécondité de la pensée qu'on croit s'être faite : c'est d'entreprendre de l'exprimer. Boileau avait bien raison : « Ce qui se conçoit bien s'énonce clairement et les mots pour le dire arrivent aisément ». L'écriture est l'épreuve du feu de la pensée. D'abord parce qu'elle met en demeure de passer des éléments — les idées — à un organisme, la pensée. Ensuite, parce qu'elle invite les autres à lire, saisir, comprendre et juger. Le quatrième chapitre de ce texte a pour but d'expliquer que, pour voir si sa pensée mène quelque part, pour vérifier jusqu'où elle peut aller, il faut **ÉCRIRE.**

Enfin, s'exprimer par la parole ou par l'écrit, c'est demander à d'autres de prêter leur attention, d'entendre et de comprendre. Pour cela, rien ne sert d'être original au point où personne ne saura décoder la pensée exprimée. L'écriture étant un acte foncièrement social, il existe un système de conventions qui a le mérite et toute l'importance de permettre aux autres de saisir une pensée et, à partir d'elle, de se mettre à construire la leur. Il faut connaître et respecter ces conventions. Le cinquième chapitre de cet ouvrage indique les règles à suivre si on veut écrire **POUR SUSCITER LA PENSÉE.**

Mot d'envoi

Heidegger écrit : « Ce qu'on appelle « nager », nous ne pourrons jamais l'apprendre à travers un traité sur la nage. ...seul le saut dans le torrent nous le dit » (1967, p. 33). Il s'agit maintenant de se jeter dans le « torrent ». Sans être un livre de recettes, cet ouvrage est un guide pratique, écrit en réponse à des questions concrètes et après quelques années de mise à l'épreuve en salle de cours. Au chapitre II, C, il se transforme en atelier de travail ; seul l'exercice peut répondre à un problème d'ordre pratique. La lecture de ce texte étant terminée, il restera à chacun à s'atteler à la tâche : à s'embarquer dans l'aventure de penser.

I

PENSER

Celui qui ne commence pas par
ne pas comprendre ne sait pas
ce que c'est que penser.

Alain.

Nous connaissons bien la pensée quotidienne qui vogue au gré des associations, des images, des souvenirs et des impressions. Le but de ce chapitre est de présenter un autre type de pensée, celle qui préside au travail intellectuel. Pour cette forme de pensée, tout commence par l'étonnement. La question est, pour ainsi dire, le moteur du processus de réflexion. Partie de la question, la pensée est, dans un premier temps, l'intelligence qui, dans l'éclair de l'intuition, présente une réponse globale à la situation problématique. Dans un deuxième temps, la pensée est le jugement qui accepte cette réponse intuitive comme point de départ d'une démarche de vérification. Pour mener à bonne fin un travail scientifique, il faut donc apprendre à poser une bonne question, à trouver une réponse et à vérifier la solidité de cette réponse. Autrement dit, il faut apprendre à penser.

A. S'ÉTONNER

Pour Socrate comme pour Aristote, c'est l'étonnement qui est le point de départ de la pensée. La capacité de penser, c'est d'abord la capacité de s'émerveiller, face à ce que d'autres déclareraient banal ou n'apercevraient même pas. Ainsi, Karl Marx est renversé de voir les travailleurs accepter leur sort comme s'il s'agissait d'un ordre naturel des choses. Freud est profondément impressionné par les révélations des patients sous hypnose. Bell s'enthousiasme en entrevoyant les possibilités inespérées de sa première invention : l'oreille artificielle. Copernic est complètement déconcerté de voir que le système de Ptolémée présente, à proprement parler, « un monde à l'envers. »

L'étonnement du penseur s'exprime sous forme de questions. Ces questions peuvent être d'ordre théorique ou spéculatif, d'ordre

3

pratique ou d'ordre technique. Les questions théoriques ou spécu-
latives pourraient se ramener à la question : « Qu'est-ce qui permet
de considérer que cela est vrai ? » C'est la question audacieuse du
moine Copernic, face à une physique qui avait pourtant traversé
l'Antiquité, le Moyen Âge et une partie de la Renaissance. Mais les
questions théoriques ne sont pas réservées aux seuls savants physi-
ciens. Pour chacun de nous, il suffit qu'une chance ou un malheur
nous surprenne pour que nous nous posions des questions telles
que : « Qu'est-ce qui me permet de considérer que je suis libre et
responsable ? Quelles raisons pourrais-je avoir de croire dans le sens
de la vie ? Dans l'existence de Dieu ? » Sous toutes ces formes, les
questions théoriques cherchent à trouver ce qui serait vrai.

Les questions pratiques sont celles de notre vie personnelle,
interpersonnelle et sociale. Chaque jour, nous nous demandons :
« Que faut-il dire, taire ou faire en cette circonstance ? De quelle
façon, à quel moment serait-il convenable ou préférable d'aborder
ce sujet, de poser ce geste, de donner cette information ? » Quand
il s'agit de diriger les groupes, la personne responsable se demande,
par exemple : « Quelle action faut-il entreprendre pour répondre à tel
besoin ? » Parmi les questions d'ordre pratique, il faut aussi considérer celles de l'artiste et de l'artisan. Sous toutes ces formes, les
questions d'ordre pratique cherchent à trouver ce qui serait bon ou
beau.

Enfin, les questions d'ordre technique cherchent ce qui serait
utile ou efficace : « Comment obtenir tel résultat ? Quels seraient les
moyens les plus sûrs pour arriver à tel but ? » Les questions d'ordre
technique visent à trouver comment produire et faire fonctionner les
instruments de la vie quotidienne.

Dans la suite de cet ouvrage, nous verrons comment certaines
questions sont plus aptes que d'autres à susciter et à guider la pensée.
Pour le moment, qu'il nous suffise de rappeler que toute connaissance commence par un constat d'ignorance, c'est-à-dire par une
question. Certaines questions portent sur le pourquoi des choses ;
ce sont les questions d'ordre théorique. D'autres s'intéressent au
comment des choses ; elles sont d'ordre pratique. Enfin, certaines
questions ont pour objet le comment faire ; elles sont d'ordre technique.

B. RÉFLÉCHIR

Parce qu'elle est étonnement ou surprise, la question vient briser
la chaîne des événements ou des explications. Incapable de continuer à avancer selon le cours normal des choses, on se met alors
à réfléchir, c'est-à-dire, au sens premier du mot, à revenir sur les
faits et à revoir ses connaissances, à les examiner de plus près pour
s'assurer qu'on a bien vu. Tout se passe comme si, confronté à un
obstacle, on faisait marche arrière pour fouiller dans son expérience,
ses connaissances et les événements dans l'espoir de dénicher le
maillon qui permettrait de rétablir la suite de ses idées ou de ses
actions, la clé qui désamorcerait le problème. Dans la réflexion, l'es-

prit manifeste deux fonctions de la pensée : l'intelligence, pensée intuitive qui saisit d'emblée la réponse à la question, et le jugement, pensée discursive qui, par le raisonnement, vérifie la validité de l'intuition.

1. L'intelligence : pensée intuitive

Il nous est arrivé à tous de trouver le maillon manquant ou la clé du problème; c'est le moment merveilleux de l'*eurêka,* la réponse instantanée de l'intuition. L'intuition est une vision immédiate, directe, l'« éclair de génie » qui saisit ensemble la question et la réponse. « Voilà pourquoi le moteur ne se met pas en marche. » « Je sais bien pourquoi Dominique ne répond pas à mon salut. » On dit de ces intuitions qu'elles sont empiriques parce qu'elles saisissent le sens de l'expérience physique ou psychique. Il y a aussi l'intuition dite rationnelle. C'est, par exemple, la sorte de flair qui permet au détective de saisir l'indice révélateur; c'est aussi le sentiment sûr (le *hunch*) qui oriente le praticien compétent ou le chercheur vigilant vers une piste prometteuse.

L'intuition est le fait de l'intelligence qui ressaisit, comme en un coup d'œil, la diversité et la complexité du réel, pour l'organiser en un tout. C'est pourquoi on dit de la pensée intelligente qu'elle comprend, c'est-à-dire prend les choses ensemble et rapidement, en une vue globale, en une synthèse. Dans la vie courante, c'est souvent la fonction intuitive de la pensée qui nous guide, en nous fournissant d'emblée des solutions qui nous permettent de bien conduire notre vie.

2. Le jugement : pensée discursive

La pensée intuitive suffit parfois à la conduite de la vie pratique; elle est moins fiable, pourtant, quand il s'agit de l'activité scientifique. En effet, chacun sait combien l'intuition est sujette à l'illusion. Très souvent dans les actions quotidiennes, toujours dans le travail scientifique, le jugement ou la pensée discursive prend le relais de la pensée intuitive. Autrement dit, ce que l'intelligence croit avoir trouvé dans l'éclair de l'intuition, le jugement doit maintenant le prouver ou l'expliquer par le raisonnement, qu'on appelle aussi démonstration. On se dit en quelque sorte : « Voyons si mon idée brillante est aussi une idée solide ». Ainsi, l'intuition rationnelle qui était la solution ou la conclusion de l'intelligence devient, pour le jugement, un point de départ, une hypothèse de travail. L'hypothèse scientifique est une réponse vraisemblable et provisoire qu'on accepte en vue de commencer le processus de vérification. Le travail scientifique consiste justement à confirmer ou à infirmer l'intuition rationnelle ou l'hypothèse de travail. Celui qui croit avoir compris doit maintenant se soumettre à l'épreuve d'expliquer. Le raisonnement ou le jugement devient le contrôle rationnel ou la vérification de la compréhension. Le raisonnement procède par analyse. Analyser, c'est (comme en chimie) décomposer un tout (l'eau) en ses éléments constitutifs (hydrogène et oxygène). Dans l'analyse, l'esprit va du complexe au simple pour examiner chacune des composantes de l'ensemble. Le but de cet examen est de proposer une explication d'un phénomène particulier.

Penser, c'est donc s'engager dans deux processus complémentaires, deux mouvements qui se rencontrent et se compénètrent. Sylverin parle d'anasynthèse (Legendre, 1988) pour désigner le cycle analyse-synthèse comme démarche fondamentale de la pensée.

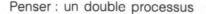

Penser : un double processus

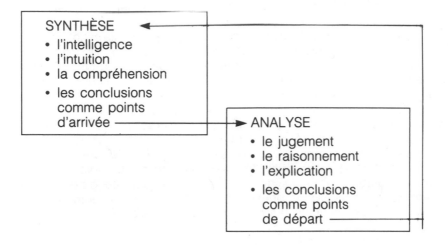

C. TRAVAILLER

Penser, c'est travailler méthodiquement. On a dit du génie qu'il est « une longue patience ». Pasteur aurait souscrit à cette description, lui qui tenait que l'intuition ne surgit que dans un esprit bien préparé.

En entretenant les mythes du « génie créateur », de l'enfant « prodige », du savant frappé par le coup de foudre intellectuel, on se dispense de s'atteler à la tâche de penser. Il semble que ce ne soit ni « tout naturellement », ni par hasard, ni par miracle que la pensée devienne créatrice. Voilà ce que comprit, par exemple, Darwin. En s'embarquant sur le *Beagle,* il mettait fin à sa vie de collectionneur dilettante. Désormais, il devrait s'astreindre à la discipline de la recherche de type empirique. Darwin a appris à penser, c'est-à-dire :

* Formuler clairement sa question : le récit de la Genèse peut-il être considéré comme expliquant de façon adéquate l'évolution, la transformation, le déclin et l'extinction des espèces animales ?

6

- Distinguer, parmi les phénomènes, ceux auxquels il reconnaîtrait le statut de faits, c'est-à-dire de facteurs ou d'éléments constituants de la réalité qu'il ambitionnait d'expliquer. Exemple : non pas toutes les pierres, mais celles qui portent des fossiles.

- Analyser ces faits, chacun en lui-même.

- Synthétiser, comprendre l'ensemble de la réalité constituée par ces faits.

- Juger, discerner, parmi les propositions sur ces faits, laquelle serait vraie ou valide, quels instruments d'investigation seraient fiables, quels détails deviendraient importants, quelles circonstances seraient considérées comme étant pertinentes, quelle affirmation serait reçue comme étant prouvée, certaine ou douteuse, quelle conclusion s'imposerait comme évidente ou bien encore possible, plausible, probable, quelle généralisation constituerait une erreur.

- Raisonner, partir de ce qui est, de ce qu'on sait, pour entrevoir ce qu'on pourra découvrir.

Qu'on s'intéresse aux sciences de la nature ou aux sciences humaines, il faut, pour s'adonner au travail intellectuel, cultiver certaines qualités de la pensée. Prises ensemble, ces aptitudes et attitudes constituent ce qu'on appelle un esprit scientifique. L'esprit scientifique est éveillé, curieux, vigilant. Il se reconnaît à sa capacité d'observer et de s'étonner, à son sens de la synthèse, qui lui permet de saisir rapidement les liens entre les choses et de fournir l'intuition créatrice qui enclenche le processus de recherche. Le travail étant commencé, l'esprit scientifique se distingue par un jugement sûr : le sens du détail dans l'analyse, la vigueur et la rigueur de la démonstration et la capacité critique. Face d'abord à son propre travail puis à celui des autres, le penseur sérieux détecte l'opinion non fondée ou mal fondée; il se méfie des appréciations hâtives. Pour lui, la liberté de dire ou d'écrire ce qu'on pense entraîne la responsabilité de penser ce qu'on dit ou ce qu'on écrit. Enfin, l'activité de recherche exige la capacité de poursuivre un travail autonome, patient et assidu. Ce travail, c'est celui, jamais terminé, d'apprendre à penser.

II

PENSER AVEC UN AUTRE :
LIRE

Les braves gens ne savent pas
ce qu'il en coûte de temps et de
peine pour apprendre à lire. J'ai
travaillé à cela quatre-vingts ans,
et je ne peux encore dire que j'y
sois arrivé.

Goethe.

Lire, c'est penser avec un autre. Pour que la lecture devienne réflexion à deux ou dialogue, il faut, écrit Adler, lire comme lisent les amoureux. « Chaque mot est scruté sous toutes ses faces; ils lisent entre les lignes et dans les marges,... ils saisissent les détails; ils tiennent compte du contexte, des passages ambigus, des insinuations, voire des idées demeurées imprécises; ils perçoivent le coloris des mots, le parfum des phrases et des locutions. Même la ponctuation a pour eux un sens dont ils tiennent compte » (1964, p. 11).

On ne sent pas nécessairement, devant tous les textes, la ferveur des amoureux : les « coloris » et les « parfums » peuvent faire défaut. Mais il y a toujours, pour retenir l'attention, le choix des mots, les contextes, les structures de chapitres, les insinuations, les ambiguïtés, les imprécisions, et même la ponctuation, qui marque, après tout, comme la respiration de la pensée.

Devant les exigences de la lecture sérieuse, nous nous demanderons s'il ne nous faudrait pas, d'abord, apprendre à lire. Puis nous verrons comment celui qui veut mener à terme un travail universitaire doit choisir ses lectures, se mettre au travail de lire et se donner le moyen de conserver le fruit de ses lectures.

A. APPRENDRE À LIRE?

Nous savons lire. Pourtant, nous avons tous eu cette expérience mortifiante : quelqu'un d'autre, après avoir lu le même texte, nous fait constater que nous n'avons pas lu ce qui était là, ou que nous avons lu ce qui n'était pas là; que nous avons « sauté » ou « changé » le mot qui fait toute la différence. Notre problème majeur, dans le domaine de la lecture, tient au fait que nous la voyons un peu comme la pensée, la marche, la course : une activité « naturelle », une action simple, accessible à tous ceux qui ne souffrent pas de handicap sérieux. Pourtant, la lecture intelligente est une activité complexe et difficile. Pour le comprendre, on pourrait se demander :

- Comment faut-il écouter la musique pour entendre ce qu'entend un musicien?

- Comment faut-il approcher les mathématiques pour saisir ce qu'y saisit un mathématicien?

- Comment faut-il regarder un Rembrant pour voir ce que voit un peintre?

- Comment faut-il observer un cliché de rayons X pour identifier ce qu'identifie un médecin?

- Comment faut-il courir, nager, plonger pour se retrouver dans une équipe olympique ou sur un podium?

- Comment faut-il décortiquer un contrat pour détecter ce qu'un avocat détecte?

- Comment faut-il examiner un édifice pour trouver ce qu'un architecte, un menuisier, un plombier, un électricien ou un designer chercherait à vérifier?

Si chacune de ces activités part d'une aptitude naturelle et simple (marcher, voir, entendre), chacune exige aussi qu'on dépasse largement le savoir-faire de base. On ne devient pas « tout naturellement » athlète, artiste, spécialiste, expert. À l'ère de l'audio-visuel, moins que jamais il semble que l'on devienne « tout naturellement » bon lecteur.

Avant d'investir du temps et de l'énergie dans un texte, il faut donc l'examiner pour voir si, et dans quelle mesure, il sera utile dans la perspective de l'étude à faire. Une première exploration permet de reconnaître le genre d'ouvrage dont il s'agit.

- Le **titre** révèle le sujet de l'ouvrage.

- Le **sous-titre** indique l'ampleur, l'orientation, l'angle théorique ou pratique sous lequel le sujet sera traité.

- La **préface** expose l'optique générale du livre.

- La **table des matières** permet de voir, un peu à la façon d'un cliché de rayons X, à la fois la structure et les articulations (les parties et les liens entre les parties) du texte. Par la table des matières, l'auteur fournit une sorte de carte routière qui permet de connaître rapidement le point de départ, les étapes et le point d'arrivée de sa pensée. Ainsi, on ne voyagera pas « à l'aveuglette ». La table des matières révèle la présence ou le manque de logique, de clarté, de cohérence, de rigueur du texte. Un livre qui vaut la peine d'être lu est une unité de composition, une œuvre complexe et unifiée, une pensée articulée ; non pas une collection, un collage, un tas de briques. L'auteur qui s'adresse à l'intelligence de son lecteur lui dit clairement où il va, et comment il entend parvenir à son but.

• La **table analytique** rassemble les thèmes que l'auteur aborde et révèle l'importance qu'il leur a donnée.

• L'**annonce de l'éditeur** sur la jaquette du livre n'est pas toujours un simple truc commercial ; elle peut fournir des renseignements pertinents, par exemple sur l'usage possible du livre, la population à laquelle il s'adresse, ce qu'en ont dit certains critiques.

Pour bien faire cette première exploration, il s'agit de parcourir certains chapitres clés reliés au travail à faire, de lire çà et là quelques paragraphes, quelques pages, puis de faire une lecture superficielle de l'ensemble du texte. En un mot, il s'agit de « traverser » le livre, sans trop s'arrêter.

B. ENTREPRENDRE DE LIRE

1. Réfléchir avec l'auteur

Pour que la lecture devienne une réflexion à deux et un dialogue, il faut s'assurer de bien comprendre ce que dit l'auteur. Souvent, cela veut dire découvrir à partir de quelle situation et dans quel but il écrit. Il s'agit, en quelque sorte, d'entrer chez lui (publier, c'est inviter les autres chez soi), de s'y installer pour découvrir peu à peu son univers physique et mental, ce qu'on est convenu d'appeler son « cadre de référence ».

Le cadre de référence d'un auteur est l'ensemble des facteurs historiques, culturels, théoriques et personnels qui, pris ensemble, constituent, pour ainsi dire, la toile de fond de sa pensée. Pour comprendre un texte, il faut le situer dans ce contexte. Par exemple, pour comprendre et évaluer l'opposition de Platon à la démocratie, il faut connaître le système de classes sociales qui régnait au temps de la Grèce classique ; sur ce point, Platon adopte l'idéologie dominante de son temps et de son milieu. Du point de vue théorique, le cadre de référence d'un auteur est l'ensemble des connaissances acquises et des questions qui constituent son domaine de recherche. Il est important, par exemple, pour mieux comprendre la position de Gilligan dans le domaine du développement moral, de savoir discerner en quoi et dans quelle mesure sa recherche se distingue de celle de Kohlberg, son collègue de Harvard[4]. Connaître le cadre de référence d'un auteur, c'est aussi avoir une idée de l'ensemble de sa thématique et de ses publications. Enfin, il est bon, pour bien comprendre et apprécier une œuvre, de connaître l'importance que lui reconnaît la communauté scientifique. À titre d'exemple, on a une meilleure idée de l'importance de l'œuvre de Durkheim, *Le suicide,* quand on sait que, dans l'histoire de la sociologie, cette étude est la première où l'on se sert de corrélations statistiques pour exposer et expliquer un phénomène social (Huisman, 1984, p. 810). Les ouvrages de référence, les dictionnaires spécialisés et les personnes compétentes dans les domaines à étudier peuvent fournir des renseignements au sujet des facteurs historiques, culturels, intellectuels et personnels qui constituent le cadre de référence d'un auteur.

2. Synthétiser

Le texte étant situé dans son cadre de référence, on procède à une lecture qui permettra d'en saisir l'idée ou le message d'ensemble. Il s'agit d'en trouver : 1) le terrain de départ, la problématique à laquelle l'auteur s'est trouvé confronté, 2) le point focal ou la question précise qu'il a retenue, 3) les hypothèses de solution qu'il propose, 4) le raisonnement qu'il fait pour vérifier la validité de ces hypothèses et 5) les conclusions auxquelles il arrive.

La problématique est un ensemble de questions ou de problèmes reliés qui ont, pour ainsi dire, dérangé le penseur, piqué sa curiosité. Confronté à cette situation, il s'est demandé : « Quelle sorte de problème se pose ici? S'agit-il d'une question théorique, pratique ou technique? En quoi cette situation est-elle semblable à d'autres ou différente d'elles? Quel serait, dans cette situation, le nœud de la difficulté? » Par exemple, une réflexion autour du thème de l'euthanasie se situe au cœur d'un complexe de questions telles que : « Que faudrait-il entendre par l'expression « mort douce »? Les distinctions entre euthanasie active et euthanasie passive sont-elles autre chose que des mots? La question de l'euthanasie est-elle liée au progrès de la technologie médicale? De quelle façon? Quelles sont les conditions réelles qui justifieraient de considérer que telle vie n'a plus aucun sens? » L'auteur d'une étude à caractère scientifique commence par mettre le lecteur au courant de la problématique à l'intérieur de laquelle se situe sa réflexion.

À force de jongler avec les questions de la problématique, le chercheur en vient à mettre le doigt sur ce qui, pour lui, est *la* question. Tout se passe comme s'il reprenait à son propre compte le célèbre « *THAT is the question* ». Cette question est vue comme étant meilleure que les autres, parce qu'elle semble sinon contenir la clé des solutions, du moins ouvrir de bonnes pistes de recherche. Dans la problématique que nous venons d'évoquer, un médecin traitant pourrait considérer que la question clé est celle qui touche la technologie médicale. Aux yeux du philosophe, la question pourrait être de savoir à qui « appartient » la vie. Pour le proche parent d'un grand malade, la question décisive pourrait être le sens de la relation qui les unit. Pour la personne malade elle-même, la question pourrait se poser en termes du sens qu'il est possible ou impossible de donner à sa souffrance. Dans un texte scientifique, l'auteur prend soin d'établir clairement, au début, la question qu'il entend étudier. Il faut saisir cette question.

Une question est bonne et bien posée quand elle contient des amorces de réponse. Ces amorces sont les hypothèses de travail, c'est-à-dire des solutions plausibles à vérifier. On reconnaît trois sortes d'hypothèses : 1) L'hypothèse descriptive sert à faire voir la nature, l'étendue ou le sérieux d'un problème; on parle alors d'établir l'« état de la question ». 2) L'hypothèse explicative permet de chercher les facteurs qui constitueraient les causes ou les racines de cet état de choses. 3) L'hypothèse transformatrice permet de remédier à la situation problématique. C'est en décrivant la nature d'un problème, en trouvant les causes d'une difficulté, en remédiant à une situation problématique que chaque chercheur contribue à faire reculer, un tant soit peu, l'horizon du savoir dans son domaine. L'hypothèse de solution est, pour l'auteur, le point de départ de son travail de recherche. À partir de l'intelligence intuitive et d'une vue globale des choses, l'auteur passe au jugement, au raisonnement ou à la vérification, ce qui se fera par analyse.

3. Analyser

Une lecture globale permet de saisir l'ensemble du raisonnement d'un auteur; pour étudier un texte, il faut en faire une analyse qui sera, selon le but qu'on se propose et le degré de sa compétence, plus ou moins détaillée. Analyser un texte, c'est le décomposer ou le mettre en pièces, dans le but d'en trouver les éléments constitutifs. Ces éléments sont ceux de la pensée logique, soit : a) les termes, b) les propositions, c) les raisonnements.

a. Les termes

Pour saisir la pensée d'un auteur, il faut commencer par s'entendre avec lui sur ses termes. Le terme est un mot important, parce qu'il exprime le concept ou l'idée qu'on se fait d'une chose. Les termes flous, imprécis, approximatifs manifestent et entretiennent une pensée vaporeuse, ambiguë, indécise; l'Anglo-Saxon parle de « fuzzy thinking ». L'auteur sérieux veut éviter cette confusion qui est de la non-pensée. Il s'est fait une idée la plus claire possible de ce dont il veut parler et a pris soin de trouver des mots adéquats pour exprimer son idée. Au fond, l'auteur qui veut être bien compris fait pour chacun de ses termes clés ce qu'en logique on fait, par exemple, pour le terme « humain ». On le détermine, on le délimite sous deux aspects :

la **compréhension** ou **ce qu'il contient.** Ainsi, il est entendu que qui dit « humain » dit aussi « vivant », « animal », « intelligent » ;

l'**extension** ou **ce à quoi il s'applique.** Ainsi, le terme « animal » ne s'applique pas à n'importe quoi, ni même à n'importe quelle sorte de vivant, mais à ceux-là seuls qui ont la sensibilité et le mouvement autonome.

Ainsi, un terme recouvre un contenu spécifique et délimité. Si bien que, pour comprendre un auteur, il faut le lire dans ses termes. Par exemple, il faut se demander ce que veut dire, dans les pensées de Marx, de Durkheim, de Kant, de Mounier, de Dewey, le mot « liberté ». Que disent Skinner, Sartre, Dolto quand ils parlent de « réalisation de soi » ? À quelle sorte de réalité renvoie le terme de « droit », dans les pensées de Jefferson, Hobbes, Mao ? Que veut dire « apprendre », pour Freire, Platon, Montessori ? Quelle sorte de phénomène mérite le statut de fait ou de réalité, dans les pensées de Bernard, Freud, Arendt ? Que veut dire « enseigner » pour Coménius, Freinet, Watson, Pestalozzi, Hegel ? Que veut dire « démocratie » pour la présidente Aquino, le chef Mobutu, le colonel Kadhafi ?

Pour saisir les termes de votre auteur, notez :

* les **mots** qui vous agacent, parce qu'ils reviennent constamment. Exemple : le mot « naturel » chez Rousseau ;

* les **expressions** qui finissent par vous intriguer, parce qu'elles semblent évoquer autre chose que ce qu'elles évoquent d'habitude, ou encore quelque chose de moins évident que ce que vous aviez pensé à première vue. Exemple : le « néant », « les salauds » de Sartre ;

* les **idées** au sujet desquelles l'auteur se querelle avec d'autres. C'est souvent en l'opposant à celle des autres qu'on pose sa pensée. Exemple : le terme « humaniste » tel qu'il serait entendu par Érasme et Rousseau ;

* les **définitions** que l'auteur se donne la peine de rédiger. Exemple : Erikson définit les termes qui évoquent les huit vertus qui forment la force du moi *(ego-strenght)* à chacune des étapes du développement psycho-social ;

* les **mots ou expressions techniques** qui font partie du langage de la discipline de l'auteur. Ces mots techniques se trouveront dans un dictionnaire spécialisé. Exemple : en psychanalyse, les termes « préconscient » ou « idéal du moi » ;

- les **distinctions** auxquelles l'auteur s'attarde pour se mieux faire comprendre. Exemple : le fait de rapprocher, dans un texte, « autorité » et « autoritarisme », « objectivité » et « objectivisme », « science » et « scientisme » ;

- les **formulations intéressantes** que l'auteur invente pour véhiculer sa pensée. Exemple : « sciencophobie — sciencolâtrie » (Jacquard).

Pour développer sa pensée, l'auteur a pris soin de définir ses termes; il est indispensable, pour bien le comprendre, de porter attention à ces définitions. Autrement, la lecture qui devait être dialogue ne peut être qu'un double monologue. La réflexion qui serait fondée sur un malentendu n'aurait aucune validité.

b. Les propositions

Les idées, même claires et précises, prises isolément, ne sont pas encore de la pensée. Pour penser, il faut, comme dirait le langage courant, « savoir mettre deux idées ensemble ». En logique, mettre deux idées ensemble ou établir un lien entre deux idées, c'est former un jugement. Ce jugement sera exprimé dans une proposition. Certains jugements ont pour objet l'existence même des choses; on parle alors de jugements de fait. Exemples : « Cela est », (proposition affirmative), « cela n'est pas » (proposition négative), « il pleut » (proposition déclarative). D'autres jugements portent sur la vérité des choses; on les appelle jugements de vérité. Exemples : « Cela est vrai ou vraisemblable, plausible, probable, prouvé, non prouvable ». Enfin, certains jugements portent sur la qualité des choses; ce sont des jugements de valeur. On dira, par exemple, « cela est désirable, excellent, nécessaire, accessoire, inutile, louable ou blâmable ». Tout comme le terme est l'expression verbale de l'idée, l'expression verbale du jugement est la proposition.

Les propositions de l'auteur sont ses phrases complètes. Dans le cas où une phrase contient deux propositions, il s'en trouve une qui est considérée comme étant la principale, puisqu'elle exprime le jugement le plus important de la phrase. Les propositions-maîtresses d'un auteur sont celles où il exprime ses affirmations, ses négations, ses déclarations. C'est là qu'il établit les jugements de fait, de vérité ou de valeur qui servent de point d'appui à sa réflexion. Souvent, les propositions importantes sont précédées par des expressions telles que : « puisque », « étant donné que », « si, en effet... » « or, si... », « il est bien connu, depuis X, que... ». Ainsi, les propositions expriment des jugements qui deviennent les prémisses (ce qui est posé d'abord) du raisonnement que l'auteur construit tout au long de son texte.

c. Le raisonnement

Comme le jugement établit un lien entre deux idées, le raisonnement pose un lien d'inférence (déduction et induction[5]) entre deux jugements. Le raisonnement d'un auteur est, pour ainsi dire, une chaîne d'inférences dont les maillons seraient les jugements. La force ou la vigueur d'un raisonnement est donc liée à la solidité de chacun des jugements. Voilà pourquoi l'auteur prend soin de ne poser comme prémisses que des jugements connus ou reconnus comme étant vrais. La forme la plus nette du raisonnement est le syllogisme.

Vérités connues :
1. Générale :
   Prémisse majeure* :
   Tous les êtres humains désirent
   connaître et être heureux.
2. Particulière :
   Prémisse mineure :
   OR, Épaminondas est un être
   humain.
Vérité nouvelle : Conclusion
DONC, Épaminondas désire connaître
et être heureux.

---

* La majeure a plus d'extension
  que le sujet de la mineure.

Les raisonnements peuvent prendre plusieurs formes : prévision, explication, justification, démonstration. Les éléments du raisonnement de l'auteur (prémisses et conclusions) n'apparaîtront habituellement pas sous la forme dépouillée du syllogisme. Ils se trouvent partout à travers le texte. On peut parfois les détecter en surveillant les expressions telles que : « donc », « par conséquent », « ainsi », « il s'ensuit que », « c'est pourquoi », « alors », « nous avons démontré que », « tout porte à croire que », etc. Quand ces indices ne sont pas explicites, il s'agit, pour les découvrir, de suivre attentivement la pensée de l'auteur. Dans l'exemple suivant, les expressions qui indiquent les éléments du raisonnement sont implicites dans le texte. On les trouvera entre parenthèses.

Exemple d'un raisonnement, tiré de Badinter, E. (1980). *L'amour en plus. Histoire de l'amour maternel. XVIIe - XXe siècle.* Paris : Flammarion. Préface, pp. 7-11.

Prémisse 1, p. 8   « La procréation étant naturelle, on imagine qu'au phénomène biologique... de la grossesse doit correspondre une attitude maternelle déterminée » (soit un instinct maternel).

Prémisse 2, p. 9   (Pourtant) les ethnologues eux-mêmes ont maintenant renoncé à parler d'instinct quand il s'agit de l'homme. ... « On a (donc) changé de vocabulaire mais pas d'illusions ».

Prémisse 3, p. 10 « (Les statistiques françaises de 1780 (p. 7) indiquent que) le sentiment maternel (est) moins mécanique ou automatique que l'instinct. » (Or, la contrepartie de la nécessité de l'instinct est) la contingence de l'amour.

Conclusion, p. 11   (Donc, l'amour maternel) « n'est peut-être pas inscrit... dans la nature féminine (comme le serait un instinct). Comme tout sentiment humain, il serait incertain, fragile et imparfait. »

Il arrive que, dans un souci didactique, l'auteur retrace, par exemple à la fin d'un chapitre, le trajet de sa pensée. Il reprend alors ses propositions et ses conclusions par des formules telles que « En somme... ». L'auteur recoud, pour ainsi dire, « au fil blanc », le point de départ, la progression et le point d'aboutissement de son raisonnement. Avec ou sans l'aide de l'auteur, il faut, pour le comprendre, repérer les raisonnements qui forment la trame de son texte.

En résumé, apprendre à lire, c'est, entre autres choses, s'exercer à détecter, dans un texte, les unités de pensée et les expressions verbales de la pensée. Ainsi :

UNITÉS DE PENSÉE	EXPRESSIONS VERBALES
L'idée	le terme
Deux idées : un jugement	une proposition
Deux jugements : un raisonnement	argumentation

C. POUR BIEN LIRE, ÉCRIRE

1. Prendre des notes

Quand on lit avec l'intention de faire une étude ou de conduire une recherche, on ne peut ni se contenter d'une lecture rapide, ni se fier aux souvenirs qu'on en gardera. Il faut donc se donner les moyens de faire une lecture approfondie et de bien fixer l'information dont on devra se servir. Pour ces raisons, il faut prendre des notes.

Prendre des notes ralentit la lecture; cela n'est pas nécessairement un mal. Il s'agit, au contraire, d'un travail essentiel. Dans une étude sérieuse, on doit pouvoir dire précisément qui a dit ou écrit exactement quoi, dans quelle publication, quand et dans quel contexte. Sans ces précisions, ce qu'on écrit est invalide parce que non documenté. Même phénoménale, la mémoire ne réussirait pas à conserver toute cette information. Et même si elle réussissait à tout retenir, la mémoire accumule; elle n'organise pas les données. La mémoire ne pense pas. Les notes permettent à la fois de recueillir et de conserver l'information et de l'organiser en vue de l'étude à faire.

2. Comment prendre des notes

Mais le fait de prendre des notes ne suffit pas encore pour bien construire son travail; il faut s'y prendre d'une façon intelligente. Pour cela, il faut se donner un système. Le meilleur est le système des fiches. Le travail de rédaction de fiches peut être facilité par l'utilisation de l'ordinateur.

> *Pour que ce texte devienne, à partir de ce moment, une sorte d'atelier de travail, nous vous proposons de suivre pas à pas le processus qui pourrait conduire à la rédaction de l'étude suivante :*
>
> *Présentez l'essentiel de la pensée de Durkheim sur le suicide anomique et voyez dans quelle mesure le message de l'auteur pourrait s'appliquer à notre société[6].*

a. LA FICHE DE SYNTHÈSE

La première fiche est ce que nous appellerons la fiche de synthèse. Elle se fait au format 21,6 × 28 cm (8½″ × 11″). Il s'agit de trouver dans le texte et de fixer, de façon succincte :

la **problématique,** *c'est-à-dire l'ensemble des questions où se situe le texte;*

la **question** *précise que le texte aborde;*

les **hypothèses** *descriptives, explicatives ou transformatrices qu'il propose;*

le **raisonnement** *de l'auteur, c'est-à-dire la démarche de sa pensée;*

la ou les **conclusions** *auxquelles il arrive.*

Exemple de fiche de synthèse

RÉFÉRENCE :
Durkheim, E. (1976). *Le suicide* (5e éd.), Paris, P.U.F., chapitre V, « Le suicide anomique », pp. 264-311.

PROBLÉMATIQUE
L'Europe du XIXe siècle. La France de Durkheim (1858-1917) traverse une crise politique et économique. En 1893, Durkheim avait écrit *De la division du travail social.* Dans la société moderne, la division des tâches entraîne l'individualisme. La conscience collective s'atténue; chaque agent social s'isole et devient un étranger pour ses semblables.

En 1897 *(Le suicide),* Durkheim constate que la société française, parce qu'elle souffre de désagrégation, ne peut plus exercer l'un de ses rôles principaux, celui de régler les désirs des individus en vue du bien commun. Le dérèglement social, l'« anomie », pourrait être une cause de suicide.

QUESTION
Se pourrait-il que le libéralisme économique et la libéralisation des mœurs, loin de promouvoir le bonheur de l'individu, lui enlèvent le goût et la volonté de vivre? Pourrait-on établir un rapport entre, d'une part, la manière dont les sociétés règlent les désirs et les besoins des individus et, d'autre part, le taux des suicides? (*Le suicide,* p. 264.)

HYPOTHÈSE
Durkheim propose une hypothèse explicative : l'acte individuel du suicide pourrait débordant les limites de la psychologie, interroger la société comme groupe (p. 8). Il existe un rapport entre l'anomie, c'est-à-dire l'état de dérèglement (p. 281), et le taux des suicides dans les sociétés (p. 264).

RAISONNEMENT

Prémisses
1. Un vivant ne peut vivre que si ses besoins sont proportionnels à ses moyens. Chez l'animal, cet équilibre s'établit automatiquement, parce que l'animal est totalement limité par les conditions matérielles dans lesquelles il vit (p. 272).

2. Pour l'homme, il n'en est pas ainsi puisque, grâce à son pouvoir de réflexion, il peut entrevoir des conditions meilleures que celles où il se trouve. Les besoins et les désirs des humains ne sont donc pas réglés par le monde matériel (p. 273). Les désirs non réglés deviennent causes de tourments; c'est la passion de l'infini (p. 287).

3. Dans les sociétés anciennes bien réglées, la limite des désirs individuels est la loi sociale (p. 275). La soumission à la loi sociale est source de liberté, de bonheur et de santé mentale (pp. 275-279).

4. Dans les grands bouleversements de l'ordre social, l'équilibre est rompu, la confusion s'installe. C'est l'anomie (p. 281).

5. L'anomie peut se manifester au plan économique. L'ambition et la concurrence entraînent les luttes sociales et l'insatisfaction chronique dans le monde de l'industrie et du commerce (p. 283).

6. On observe aussi l'anomie domestique, c'est-à-dire le bouleversement de la vie de famille (p. 290). Le divorce est un symptôme de l'anomie conjugale (p. 307).

7. On peut établir une corrélation statistique entre le taux de suicide et la richesse (p. 270) et entre le taux de suicide et le divorce (pp. 289, 291).

CONCLUSION :
En plus des explications psychologiques ou philosophiques du suicide (suicides égoïste et altruiste, pp. 149-264), on peut proposer une explication sociologique. Le suicide anomique est celui qui se produit quand les sociétés se désagrègent. Le taux de suicide varie en raison inverse du degré d'intégration des divers groupes sociaux.

b. LES FICHES D'ANALYSE

La fiche de synthèse a pour but de saisir en une vue d'ensemble le point de départ, le développement et le point d'aboutissement d'une pensée. Mais une étude des contenus d'un texte exige habituellement plus que ce tracé général. Il faut donc procéder à une analyse qui sera plus ou moins détaillée, selon le genre de travail qu'on se propose de faire et le degré de compétence qu'on a dans le domaine étudié. Plus l'étude doit être poussée, plus l'analyse sera fine et approfondie.

Analyser un texte, c'est, avons-nous dit, le décortiquer, le déconstruire ou le découper pour en examiner les pièces principales. Ces pièces importantes doivent donc être notées chacune séparément, sur une fiche. Règle essentielle : chaque fiche doit porter :

---

une seule donnée d'information
une donnée complète
une seule idée — un seul concept
un seul jugement — une proposition :
déclaration, affirmation, négation
un seul raisonnement.

Une fiche remplie de diverses données ou ne contenant que des bribes de données ne sera pas utilisable au moment de rédiger. Pour le débutant, le format 10 × 15 cm (4″ × 6″) est ordinairement le plus commode.

Chaque fiche devient en quelque sorte un morceau du puzzle qu'il s'agira de rassembler. Un « bon morceau », c'est-à-dire une fiche utilisable, pourrait ressembler à celle-ci.

Durkheim, *Le suicide*, Anomie industrielle
      p. 284   (l'escalade des désirs)

Le nouveau dogme du matérialisme économique fait que l'industrie devient « la fin suprême des sociétés ». L'industrie éveille de nouveaux appétits, « crée l'apothéose du bien-être », met les désirs au-dessus de toute loi. L'extension presque indéfinie du marché (mondial) encourage « le déchaînement des désirs » et des besoins.

Au coin supérieur gauche : la source exacte. Il s'agit de noter le nom de l'auteur, le titre du texte, la page.

Au coin supérieur droit : 1) le thème de la fiche ou ce dont parle cet extrait, 2) le sous-thème de la fiche ou l'angle sous lequel on aborde le sujet. Le thème et le sous-thème agissent comme un titre et un sous-titre; ils donnent un nom à la fiche. Trouver ce nom, c'est identifier clairement et de façon concise l'essentiel de l'information. En Occident, le coin supérieur droit est un point de repère habituel.

Au centre : ce qu'on dit. Dans cet exemple, les expressions entre guillemets sont celles de l'auteur cité.

3. Un système de fiches

a. FICHE BIBLIOGRAPHIQUE

On note toutes les données à fournir sur le texte : le nom de l'auteur, l'initiale du prénom, l'année de publication, le titre de l'ouvrage (souligné), le sous-titre s'il y en a un (souligné), le lieu d'édition, la maison d'édition, la collection s'il y a lieu. Il est bon de noter également le nombre de pages, et surtout la cote de bibliothèque, ce qui permettra, au besoin, de retrouver le livre. Chacun des textes dont on se sert doit avoir sa fiche bibliographique. Il sera très facile, à partir de ces fiches, de dresser la liste des références de son travail.

Exemple de fiche bibliographique

Durkheim, Émile (1970). Le suicide
(5ᶜ éd.). Paris : P.U.F.

463 pages   Code : *S*

Le code S. (Le suicide) *paraîtra sur chacune des fiches qu'on fera à partir de cette source. L'usage d'un tel code permet de repérer facilement le document dont on a tiré un élément d'information, tout en épargnant le travail d'écrire chaque fois le titre au long.*

b. FICHES DE DOCUMENTATION

La documentation ou les informations venues des textes peuvent être recueillies sous trois formes principales : citation, paraphrase, résumé. On peut donc avoir trois sortes de fiches de documentation.

Fiche de citation. Le passage est si important ou si typique de la pensée d'un auteur qu'on juge bon de le laisser, pour ainsi dire, parler lui-même. On reconnaît la fiche de citation aux guillemets. Exemple :

S., 5   Suicide et tentative
de suicide
(définition générale)

« On appelle suicide tout cas de mort qui résulte directement ou indirectement d'un acte positif ou négatif, accompli par la victime elle-même et qu'elle sait devoir produire ce résultat » (Tentative de suicide) « ... l'acte ainsi défini mais arrêté avant que la mort en soit résultée. »

Fiche de paraphrase. On exprime en ses propres mots la pensée d'un auteur sur un point précis. Exemple :

S., 281   Anomie
(désirs en crise de
prospérité)

Quand la prospérité devient plus grande, les désirs deviennent plus grands. Les richesses les stimulent, les rendent plus exigeants, plus impatients. On n'accepte plus les règles qui limitent les besoins personnels. Les désirs déréglés deviennent des passions. L'état de dérèglement causé par les crises de prospérité est une forme d'anomie sociale.

Fiche de résumé. *On résume en quelques phrases un développement de l'auteur. Exemple :*

S., 288   Les suicides
                           (typologie : les causes)

- *Suicide égoïste :* dans les milieux intellectuels. Les hommes ne voient plus de raison d'être à leur vie.
- *Suicide altruiste :* la raison d'être de la vie est en dehors de la vie elle même.
- *Suicide anomique :* dans les milieux intellectuels et commerciaux. On souffre d'une activité déréglée.

Suicide égoïste et suicide anomique : la société manque à l'individu, soit dans son action, soit dans ses désirs.

III

LIRE POUR SE FAIRE
UNE PENSÉE

Pour inventer, il faut penser à
côté.

H. Poincarré.

Ce n'est pas un mince travail que de lire, c'est-à-dire de saisir la pensée d'un autre; pourtant, cela ne suffit pas. Pour que la lecture passe de l'écoute au dialogue, il faut encore que prenne forme une deuxième pensée : celle du lecteur. Sans cette pensée, l'écrit est « lettre morte ». Il n'y aurait pas d'histoire de la pensée si les étudiants Bacon, Kierkegaard, Hume, Mill ne s'étaient pas mis à penser à côté et au delà des pensées qu'ils avaient apprises et comprises.

Penser, c'est, au sens étymologique du mot, peser, juger, évaluer, critiquer. À cette étape de la lecture, le texte étudié devient en quelque sorte une rampe de lancement pour la pensée personnelle. Le meilleur livre n'est peut-être pas celui qui fascine, celui auquel on ne peut plus s'arracher, mais celui qu'on a besoin d'arrêter de lire, parce qu'il force à poser des questions : à reprendre, abandonner, prolonger, reformuler, nuancer certaines idées, à les modifier, à les transformer pour les appliquer à d'autres matières ou à d'autres problèmes, à suspendre son jugement, à s'habituer à une nouvelle perspective. Si penser c'est juger, apprendre à penser serait entreprendre l'éducation du jugement. On rejoindrait alors Montaigne qui, en opposant la « tête bien faite » à la « tête bien pleine », considérait qu'il est plus important de savoir bien juger que de savoir beaucoup de choses.

Dans ce chapitre, nous verrons en quoi la fonction critique représente un défi pour la pensée. Puis nous signalerons quelques pistes pour montrer comment on peut s'y prendre pour relever ce défi. Enfin, reprenant l'atelier de travail que nous avons commencé, nous indiquerons comment se prépare la partie critique d'un travail universitaire.

A. LE DÉFI DE PENSER : JUGER

Il n'est pas inutile, pour décrire ce qu'est un jugement critique, d'établir d'abord ce qu'il n'est pas. Faire la critique ou l'évaluation d'un texte, ce n'est pas exprimer une opinion, une impression, un accord ou un désaccord personnel. Ce n'est pas, non plus, dans une attitude d'esprit querelleur ou antagoniste, « descendre » un texte. Pour que l'exercice critique soit autre chose qu'un exercice de dénigrement, on ne doit, écrit Charmot, « s'autoriser à parler des défauts qu'après avoir prouvé qu'on a l'intelligence totale des qualités » (1932, p. 63). Ainsi, la critique devient une pensée compétente et consciencieuse qui cherche à trouver un équilibre entre, d'une part, ce qu'on accepte et, d'autre part, ce qu'on met en question. Le langage courant a raison de voir le jugement comme capacité de « faire la part des choses ». Après une lecture honnête et intelligente, on peut avec nuance et crédibilité exprimer un jugement lucide et mesuré, et formuler des questions documentées, éclairées et éclairantes.

Mais comment s'assurer de la validité et de la solidité de ses jugements ? On pourrait dire que le bon jugement a trois qualités principales. D'abord, il est bien fondé et bien structuré. Contrairement à une opinion répandue, il repose sur des règles, des normes, des principes, des critères ou des raisons qui lui donnent solidité ou vigueur. La structure d'un bon jugement est la déduction ou l'induction logique ; c'est la logique qui lui donne la rigueur. Ensuite, le bon jugement est contextuel. Contrairement à l'impression, qui s'en tient à l'aspect général des choses, il est attentif aux distinctions qu'impose la complexité du réel : aux circonstances exceptionnelles, aux situations imprévisibles, aux évidences atypiques, aux limites des généralisations ou des transpositions qu'on peut faire d'un contexte à un autre. Enfin, le bon jugement est critique de lui-même, parce que l'habitude de la réflexion rend conscient de ses propres filtres, de ses points aveugles. En somme, si le bon jugement est un défi, c'est qu'il exige l'orchestration de l'ensemble des opérations de la pensée. Pour bien juger, il faut savoir également bien saisir les concepts exprimés par les termes, identifier les jugements contenus dans les propositions et évaluer les raisonnements que contient l'ensemble d'un texte.

Dans un contexte universitaire, le bon jugement est lié à ce qu'on appelle l'esprit scientifique. L'esprit scientifique n'est pas nécessairement l'intelligence vive ; ce n'est surtout pas l'intelligence encyclopédique. Il s'agit plutôt d'une attitude face à la connaissance. La personne qui a l'esprit scientifique a le souci de voir les choses telles qu'elles sont. Elle est curieuse et désireuse de les comprendre en profondeur, c'est-à-dire de trouver les raisons des choses. Pour cela, elle travaille de façon disciplinée et méthodique. Un esprit scientifique n'admet aucune affirmation sans en avoir vérifié le bien-fondé. Il exerce surtout, face à ses propres perceptions et à ses propres idées, son jugement critique. L'esprit scientifique est encore fait d'intégrité intellectuelle. En science comme dans d'autres domaines, il faut respecter la propriété des autres. L'honnêteté intellectuelle exige qu'on reconnaisse ce qu'on doit à ses devanciers ou à ses collègues, qu'on tienne compte d'un fait ou d'un document contraire à ce qu'on défend, qu'on évite de mettre sur un pied d'égalité les faits et sa propre interprétation des faits. Enfin, la personne à l'esprit scientifique s'intéresse à la pensée de ceux qui ne partagent pas ses vues. En effet, c'est à la lumière de perspectives différentes qu'elle pourra faire la critique de ses propres travaux.

En résumé, la partie critique d'une étude manifeste la qualité du jugement et l'attitude scientifique de son auteur. Comme les jugements du penseur qui s'est fait écrivain, ceux du lecteur devenu évaluateur valent les prémisses sur lesquelles ils se fondent. Ces prémisses sont les données empiriques, c'est-à-dire les faits d'expérience et les connaissances théoriques. Ainsi, une critique fondée sur une simple impression, sur un principe discutable, sur une connaissance superficielle, sur une erreur d'interprétation, sur un passage tiré de son contexte ne peut pas être valide. À l'étape de la critique, une lecture sérieuse exige un jugement fondé, structuré, contextuel et auto-correcteur.

B. DES PISTES POUR JUGER

1. Évaluation interne du texte

L'évaluation interne est un jugement que l'on porte sur la pertinence et la cohérence d'une pensée prise en elle-même et considérée pour elle-même, sans essayer de la relier, de la comparer ou de la confronter à d'autres pensées. Pour guider une évaluation, on pourrait se demander, par exemple :

• La **problématique** telle qu'exposée par l'auteur rend-elle bien compte de faits documentés ?

• La **question** posée semble-t-elle juste, éclairante, intéressante, importante ?

• Les **hypothèses** — descriptives, explicatives, transformatrices — mises de l'avant par l'auteur semblent-elles raisonnables, logiques, plausibles, acceptables, applicables, au moins provisoirement ?

• Les **prémisses des raisonnements** de l'auteur sont-elles solides ? Autrement dit, ses propositions — affirmations, négations, déclarations — expriment-elles des faits empiriques et des connaissances théoriques connus et reconnus comme étant vrais ?

• Lorsque l'auteur s'appuie sur la recherche de ses devanciers ou de ses collègues chercheurs, fait-il une **analyse,** une **interprétation, une critique juste** de ses sources ?

• Les **conclusions** de l'auteur découlent-elles logiquement de ses prémisses?

Plus on répond par l'affirmative à ces questions, plus on fait une évaluation favorable et plus le texte constitue une réelle contribution au domaine dans lequel il s'inscrit. Mais même un bon texte peut avoir certaines faiblesses réelles. Il peut toujours arriver que :

• L'auteur pose un faux problème ou déplace un problème réel. Par exemple, il utilise un argument politique pour justifier ou contester un principe.

• L'auteur ne semble pas avoir certaines connaissances qui touchent directement la question qu'il tente de résoudre. Cela se produit dans la mesure où le chercheur ne tient pas suffisamment compte des travaux de ceux dont les compétences sont reconnues dans le domaine en question.

• L'auteur affirme ce qui est reconnu largement comme étant faux ou bien avance des propositions contraires à des faits documentés.

• L'auteur élabore un raisonnement qui, bien que logique, repose sur un principe discutable. Par exemple : « Si ça réussit, c'est bon ».

• L'auteur généralise d'un contexte à un autre ou d'un échantillon non représentatif à la population générale sans noter les différences importantes qui peuvent distinguer les uns des autres.

• L'auteur passe sous silence un trait particulier qui est pourtant typique de la situation ou de la population à laquelle s'intéresse sa recherche.

2. Évaluation théorique et pratique du texte

La qualité de l'évaluation théorique et pratique d'un texte dépend des compétences théoriques et pratiques de l'évaluateur. Les acquis théoriques du lecteur lui permettent de vérifier dans quelle mesure la pensée étudiée corrobore, ignore ou met en question, à tort ou à raison, l'ensemble des connaissances et des débats, en un mot l'état de la recherche sur une question donnée. De même, l'expérience pratique de l'évaluateur le met en mesure de vérifier les contributions qu'une pensée pourra apporter, les difficultés qu'elle risque d'accentuer, de ne pas corriger ou de susciter sur le terrain où elle doit, ultimement, avoir des effets. À partir de ses connaissances théoriques et pratiques, le lecteur devenu critique se demande dans quelle mesure et à quels points de vue la pensée qu'il étudie :

• Tient compte des travaux anciens et des travaux de pointe publiés dans le domaine en question.

• Repose sur une connaissance suffisante de la langue originale des écrits ou, au contraire, s'en est remise à des traductions.

• Répond aux besoins de certains groupes (préciser quels besoins et quels groupes).

• Est à l'origine de succès bien connus (préciser quels succès).

• Suscite certains problèmes nouveaux (spécifier quels problèmes nouveaux).

• Passe sous silence un aspect qui est pourtant essentiel à la problématique (préciser quel aspect).

• Est reconnu comme facteur dans une expérience d'échec (spécifier quelle expérience d'échec).

C. POUR BIEN PENSER, ÉCRIRE

L'étude (hypothétique) que nous avons entreprise au chapitre II comporte deux volets. D'abord, un résumé ou une présentation de la pensée de Durkheim sur le suicide anomique. Pour préparer cette partie du travail, nous avons pris soin de bien saisir dans son ensemble (fiche de synthèse) et dans ses détails importants (fiches d'analyse) la pensée de l'auteur. Le deuxième volet de notre étude consiste en une critique ou une évaluation. Il s'agit maintenant de voir dans quelle mesure le message de l'auteur pourrait s'appliquer à notre société. Pour préparer cette partie de notre étude, nous allons constituer un autre ensemble de notes que nous appellerons fiches d'évaluation. Ces fiches contiennent les jugements, les questions, les surprises, les objections, les trouvailles que permet la lecture. Le bon lecteur est celui qui, à tout moment, se dit :

• En effet, je peux trouver, dans mon expérience, des exemples de ce que vient de dire mon auteur.

• Si les choses se passent vraiment ainsi, comment expliquer le fait que...

• Ici, on dirait que l'auteur rejoint la pensée de...

• Pourtant, si on se mettait à faire ce que propose l'auteur, il pourrait arriver que...

• Comment? Il me semble qu'au début l'auteur disait plutôt telle chose ?

- Voilà une perle. J'aimerais avoir écrit cela.

- Il me semble que, dans tel autre de ses ouvrages, mon auteur disait plutôt le contraire.

- Vraiment ? Ce n'est pas ce que dirait l'auteur Un Tel, qui est pourtant bien coté...

- Dans le métier que je pratique ou auquel je me prépare, il faudrait se mettre à travailler comme le dit l'auteur. Cela corrigerait peut-être telle situation...

- Enfin ! Quelqu'un qui a le courage de dire ça.

Il faut noter ses réflexions à mesure qu'elles se présentent, même la nuit ; il faut, pour ainsi dire, avoir son cahier de chevet. Une observation fine, une question lucide, une formulation précise et élégante, ce qu'on appelle « un éclair de génie », est une chose rare, fragile, très « indépendante » et discrète. D'habitude, au lieu de s'exprimer en phrases grandiloquentes, elle prend « un air de rien du tout », pour ne révéler toute sa richesse que beaucoup plus tard. Il faut donc noter sans se demander si telle réflexion est « importante ». On ne saura ce que vaut une idée que lorsqu'elle trouvera sa place dans un ensemble.

La vérification de la justesse et de l'importance des réflexions personnelles se fait par la consultation de la littérature pertinente. À partir de la lecture de Durkheim, on pourrait, par exemple, désirer voir dans quelle mesure le suicide anomique correspond au suicide adolescent. Il serait nécessaire, aussi, d'obtenir les données statistiques appropriées afin de vérifier, pour aujourd'hui, les corrélations entre, d'une part, prospérité matérielle et/ou taux de divorce et, d'autre part, taux de suicide. La consultation de la littérature est indispensable pour donner au jugement critique le fondement qui le rend valide.

Dans le but de constituer quelques exemples de fiches de réflexion, nous avons parcouru quelques sources. Les textes qui ne sont pas accompagnés d'une cote proviennent d'une bibliothèque personnelle.

Collectif. Patrick, Annie et quelques autres (1985). Paroles de suicidaires. Lyon : Chronique sociale.

HV
6545
.P24
1985   Code : *Parole*

Collectif. Suicide et mass médias (1972). 111e réunion du groupement d'étude et de prévention du suicide. Paris : Masson et Cie, Éditeurs.

HV
6545
.G76
1972   Code : *SMAME*

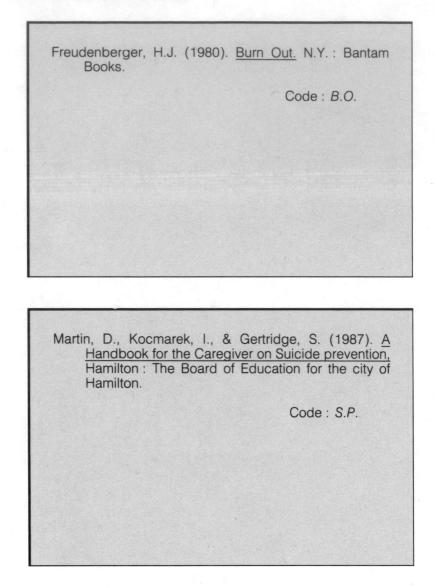

Freudenberger, H.J. (1980). <u>Burn Out.</u> N.Y. : Bantam Books.

Code : *B.O.*

Martin, D., Kocmarek, I., & Gertridge, S. (1987). <u>A Handbook for the Caregiver on Suicide prevention,</u> Hamilton : The Board of Education for the city of Hamilton.

Code : *S.P.*

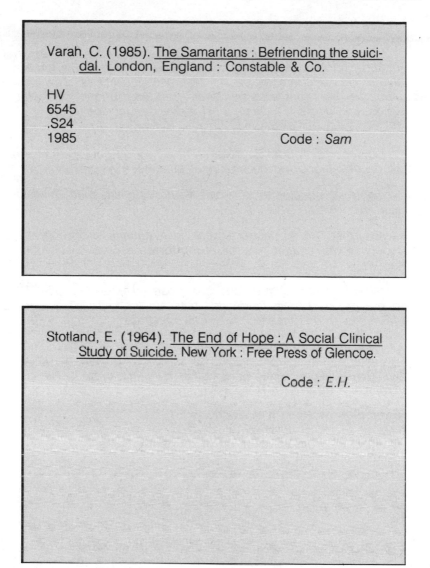

Varah, C. (1985). <u>The Samaritans : Befriending the suici-</u>
<u>dal.</u> London, England : Constable & Co.

HV
6545
.S24
1985   Code : *Sam*

Stotland, E. (1964). <u>The End of Hope : A Social Clinical</u>
<u>Study of Suicide.</u> New York : Free Press of Glencoe.

Code : *E.H.*

Les fiches d'évaluation

Les fiches d'évaluation contiennent les réflexions suscitées par la lecture. Comme les fiches d'analyse peuvent prendre la forme de citations, de paraphrases ou de résumés, les fiches d'évaluation peuvent se regrouper sous certaines grandes rubriques. En effet, il y a plusieurs façons d'évaluer, c'est-à-dire de juger de la valeur d'un texte. On peut, par exemple :

•   exprimer son appui au texte en montrant en quoi il serait profitable de développer ou de prolonger la pensée qu'il exprime ;

•   montrer en quoi le texte rejoint d'autres pensées, en établissant un lien avec elles ;

•   souligner l'un ou l'autre aspect du texte qui, si on adoptait la perspective de l'auteur, pourrait être une réelle contribution pour la pratique ;

•   relever certaines questions que pose le texte, à cause d'une incohérence, de l'inexactitude des faits sur lesquels il s'appuie ou de la faiblesse des théories dont il se réclame.

Dans les exemples suivants, les symboles +, &, *, ? ou d'autres qu'on invente servent à classifier les réflexions contenues dans les fiches d'évaluation. Cette classification servira à organiser la partie commentaire du texte à rédiger.

Exemples de fiche d'évaluation

•   Observations qui appuient ou prolongent le texte.
    (Symbole d'appui ou de prolongement : +)

B.O., 2   +   Prospérité (et
                                         insatisfaction)

Le rêve américain a toujours été le succès qui garantit le confort matériel et la satisfaction de tous les besoins. Comment ce bien-être et cette prospérité peuvent-ils aller de pair avec l'état général d'insatisfaction qu'on observe aujourd'hui? Pourquoi nos succès toujours grandissants ne produisent-ils que des frustrations de plus en plus profondes?

Statistique Canada (1988)   +

Suicides dans le monde de l'industrie
- haute finance
- patrons
- employés

Statistique Canada (1988)   +

Suicides dans certaines professions :
- médecine
- affaires/commerce
- police
- enseignement

- Liens avec d'autres pensées
  (Symbole de lien : &)

Paroles, 33   &   Suicides lents
                                   (actes suicidaires)

Il faudrait que ceux qui désapprouvent le suicide refusent l'idée de la peine de mort, dénoncent les accidents et les mauvaises conditions de travail, l'alcool au volant, la pollution, le tabagisme, les drogues, les troubles liés à l'alimentation : anorexie, boulimie.

SMAME   &   Sociétés suicidogènes

La société peut être, à certains moments de son histoire, pathogène ou suicidogène.

Ex. : <u>La foule solitaire de Reisman</u>. Une société d'isolement. *Le choc du futur* de Toffler. Les contre-coups des transformations culturelles. Le développement entraîne les tensions socio-économiques.

- Contribution pour la pratique
  (Symbole de contribution : *)

SMAME, 117   *   Prévention du suicide
                                 (l'écoute amicale)

Les organismes tels que S.O.S. Amitié (Paris) peuvent recevoir des centaines d'appels par jour. Ce qu'ils font : écouter.
L'écoute vraie rompt justement la solitude et l'isolement. Celui qui écoute devient un ami. On ne se suicide pas quand on se sent aimé.

SMAME, 21, 68-69   *   Suicide adolescent

Les médias montrent à l'adolescent un idéal impossible : vie extraordinaire, modèles extravagants, personnages exceptionnels. Valorisation systématique de situations inaccessibles pour l'adolescent moyen.
La télé favorise la désintégration sociale : individualisation du loisir, isolement, réception solitaire et passive.

• Questions inspirées par le texte
  (Symbole de question : ?)

S., 275　　　　　　　?　　　La loi sociale
　　　　　　　　　　　　　　　(seule règle des désirs?)

Selon Durkheim, il n'y a rien dans l'homme qui puisse
régler ses désirs. Voilà pourquoi la seule force régulatrice est la loi sociale. Pourtant, l'auteur lui-même vit
dans une société où le libéralisme économique favorise
l'individualisme et l'anomie. Qu'est-ce qui fait que Durkheim se tourne vers une pensée et une action de type
socialiste?
Où Durkheim a-t-il trouvé la règle de ses désirs?

S., 306　　　　　　　?　　　Le mariage monogame
　　　　　　　　　　　　　　　(une fausse solution?)

La femme a moins besoin de la discipline du mariage
monogame parce que ses désirs sexuels sont réglés
par ses instincts. La règle sociale devient pour elle une
simple et « stricte obligation » sans les avantages que
cette règle (le mariage monogame) représente pour
l'homme. Donc, le mariage monogame est bon pour
l'homme qui a besoin de contrainte et mauvais pour la
femme qui a besoin de libération (p. 311).

---

*Il est difficile de bien prendre des notes, à moins qu'on se
contente de transcrire les idées d'un autre. Il est difficile, aussi, de
noter ses réflexions personnelles. Cela ne se fera pas « spontané-
ment », surtout au début. Quand, durant toute une période d'étude,
on a été trop occupé à écouter et à comprendre son auteur, il devient
nécessaire de se réserver un temps où l'on s'oblige à aller chercher
ses propres réflexions et à les noter systématiquement.*

IV

EXPRIMER SA PENSÉE : ÉCRIRE

Le génie ne fait d'abord qu'apprendre à poser des pierres, ensuite à bâtir.

Nietzsche.

Qui n'a pas fait l'expérience d'avoir à l'esprit une idée incomplète ou obscure et, pour l'exprimer, rien de mieux qu'une ébauche d'expression. À force de tâtonner, cette idée s'est, pour ainsi dire, trouvé des mots; alors, elle est devenue claire. Pour la pensée, trouver des mots à dire ou à écrire est un entraînement, une discipline qui lui donne la fermeté et la clarté. Écrire sa pensée, c'est la rendre explicite et la fixer. C'est aussi l'approfondir, puisqu'en réfléchissant sur l'expression on découvre des aspects nouveaux de sa pensée. En un mot, écrire, c'est s'obliger à penser clairement, en ordre, jusqu'au bout et cela, de manière à ce qu'un autre puisse comprendre et peut-être répondre. Mais écrire est plus difficile que parler. Le texte doit, en effet, se tenir par lui-même, sans intervention (regards, gestes, ton, silences) qui ajoutent, retranchent, corrigent, ajustent ce qui est dit en regard de ce qu'on « a voulu dire ». Écrire est souvent plus compromettant que parler. Nos écrits nous exposent, permettant à d'autres de nous examiner à loisir et de pres. Ainsi, l'écriture devient l'épreuve du feu, le moment de vérité pour qui croit avoir quelque chose à dire.

Mais l'expression de la pensée exige, en plus de trouver les mots, d'adopter le ton et le style, c'est-à-dire le genre littéraire qui convient. En effet, on n'exprime pas les mêmes sortes de pensées à travers un reportage, un journal intime, une lettre à l'éditeur, une poésie, un poster, un panneau-réclame, un plaidoyer, un réquisitoire, une apologie, un éloge funèbre, un manifeste, un compte rendu, un discours électoral, un roman, un traité, un essai. Dans le message écrit comme dans la communication orale, le ton, le style ou le genre littéraire doit être ajusté à la pensée parce qu'il devient, en lui-même, une partie essentielle du message.

Dans ce chapitre, nous présentons d'abord un bref exposé de quelques genres littéraires, dans le but d'indiquer les exigences et les possibilités que présente chacun. Puis nous reprendrons notre « atelier de travail ». Nous voici, en effet, parvenus à l'étape de la rédaction de l'étude entreprise au chapitre II et poursuivie au chapitre III.

A. LE MEDIUM-MESSAGE

Le genre littéraire est parfois prescrit par les circonstances. En d'autres occasions, il est choisi par l'auteur. Dans ce dernier cas, il faut, avant d'ontroprendre une étude, évaluer le degré de préparation professionnelle et théorique qu'elle exige. Cette brève description de divers genres d'études pourrait vous indiquer lesquels sont adaptés à la réflexion qu'on vous demande, à votre degré de compétence professionnelle et théorique, au temps et aux moyens dont vous disposez, au diplôme ou au degré universitaire que vous envisagez d'obtenir.

On distingue d'abord le texte dépendant et le texte autonome[7]. Le texte dépendant est celui dont le développement dépend d'un autre texte. Le résumé, le commentaire et le compte rendu sont des exemples de textes dépendants.

1. Les textes dépendants

a. LE RÉSUMÉ

Le résumé s'intéresse au message explicite d'un texte ; il s'agit d'abord de trouver ce que dit l'auteur, puis de condenser ce message explicite. Pour cela, il faut arriver à faire la différence entre l'essentiel et l'accessoire, les grandes lignes et les détails, les contenus qui forment le message central et ceux qui servent de support à ce message. De plus, le résumé doit présenter la hiérarchie des contenus telle qu'elle a été établie par l'auteur. En effet, l'ordre d'importance que l'auteur donne à divers aspects de son message est une partie essentielle de ce message lui-même. Par exemple, il est indispensable, pour saisir le fond de la pensée de Durkheim sur le suicide, de noter que, même en reconnaissant d'autres causes de suicide, l'auteur considère que c'est surtout l'anomie de la société et le manque d'intégration sociale de l'individu qui expliquent la volonté de mourir. En somme, un bon résumé trouve les contenus, distingue les éléments essentiels de ces contenus et reconnaît l'ordre d'importance que l'auteur a donné à ces contenus essentiels.

Le résumé met en œuvre les démarches fondamentales de la pensée : l'analyse et la synthèse. L'analyse décompose, désorganise une pensée en isolant ses éléments constitutifs, dans le but de les examiner chacun en lui-même. À la fin de cet exercice, on se trouve, pour ainsi dire, devant des morceaux de puzzle. Ces fragments peuvent, certes, être intéressants mais, parce qu'ils ne sont pas un organisme, ils ne sont pas une pensée. Pour retrouver la pensée, il faut procéder à la synthèse qui recompose, réorganise, reconstruit le tout.

b. LE COMMENTAIRE

Le commentaire part des contenus explicites du texte, avec l'intention de les développer, de les compléter et de les évaluer. Développer un texte, c'est le rendre plus explicite, l'expliquer, ou bien en fournir une nouvelle interprétation. Compléter un texte, c'est trouver en quoi il rejoint d'autres pensées; c'est aussi, à partir de ses prémisses, tirer des conclusions nouvelles. Par exemple, le texte de Badinter que nous avons cité pourrait, du fait qu'il met en question le caractère instinctif de l'amour maternel, susciter la question du caractère instinctif de l'amour filial et de l'amour fraternel. Enfin, évaluer ou critiquer les contenus d'un texte, c'est appliquer à celui-ci les critères établis par une discipline, celle du commentateur. La critique peut être favorable ou défavorable. Pour être une réflexion et non une « réaction », elle doit être documentée. Par son aspect d'évaluation, le commentaire fait appel à la capacité de juger.

c. LE COMPTE RENDU

Le compte rendu exige une double opération : il s'agit, dans un premier temps, de résumer, puis, dans un deuxième temps, de commenter un texte. Dans la partie résumé, l'auteur a pour seul but de rassembler l'information et de la communiquer fidèlement et logiquement (voir la fiche de synthèse), sans la commenter. La qualité de la partie commentaire du compte rendu dépend de la compréhension du texte, de la compétence du commentateur, de son originalité, de l'étendue de ses connaissances. L'art du compte rendu tient dans l'équilibre entre la partie résumé et la partie commentaire.

2. Les textes autonomes

Le texte autonome est un travail de recherche dont l'objectif est d'apporter une contribution originale à un domaine de connaissance. Le travail autonome suppose que l'auteur choisit l'objet (la situation, l'événement, la théorie) auquel il veut s'intéresser, la ou les questions qu'il entend aborder et la façon dont il procédera pour les traiter. Or, la condition première de toute recherche est l'identification et la formulation d'une question ou d'un problème au sujet de la situation, de l'événement ou de la théorie qui est objet d'intérêt. Il ne semble pas inutile, aujourd'hui, de préciser ce qu'on entend par créativité en science. Souvent, l'aspect le plus créateur d'une recherche est la pertinence de la question de départ et les trajectoires de réflexion qu'elle ouvre. Pour le chercheur, l'autonomie ne consiste pas à exprimer son point de vue sans égard aux données que fournit la recherche des autres. Au contraire : parce que l'auteur d'un texte autonome entend apporter une contribution personnelle propre à faire avancer les connaissances dans un domaine déterminé, il doit, par ses références à la littérature, démontrer qu'il connaît la recherche de ses devanciers et collègues chercheurs et qu'il en tient compte. Parmi les textes autonomes, on trouve la dissertation et l'essai.

a. LA DISSERTATION

La dissertation est le fruit d'une réflexion ; elle procède donc par raisonnement. On pourrait distinguer trois sortes de dissertation : la dissertation-exposé, la dissertation-débat, la dissertation scientifique.

La dissertation-exposé est celle où l'auteur se propose de faire prendre conscience d'une situation ou d'une question. Le texte vise alors à :

• **décrire** le plus précisément possible les choses ;

• **examiner** ou explorer les diverses facettes du phénomène ou de la question ;

• **comparer** deux phénomènes ou deux théories pour en établir les différences et les ressemblances sous certains rapports spécifiés ;

• **développer** une question ou une théorie en la transposant dans un contexte semblable.

En somme, dans une dissertation-exposé, l'auteur rassemble un ensemble important de données, classifie cette information et la communique fidèlement et logiquement. L'auteur n'a pas à intervenir pour commenter ou critiquer. On lui demande d'être un observateur systématique et méticuleux, un transmetteur fidèle qui sait disparaître pour faire place aux faits.

Exemples de sujet de dissertation-exposé :

L'influence de la mentalité du moyen âge sur l'éducation traditionnelle au Canada français, de la colonisation à la révolution tranquille.

Autant qu'un projet de réforme scolaire, le Rapport Parent a été un projet de réforme sociale.

La dissertation peut aussi avoir pour but d'engager un débat. Le texte vise alors à :

• **discuter,** c'est-à-dire envisager le pour et le contre d'une question ;

*   **justifier,** c'est-à-dire montrer en quoi et dans quelle mesure une situation ou une solution est juste, équitable, évidente ;

*   **démontrer,** c'est-à-dire établir la preuve pour ou contre une question.

En somme, dans une dissertation-débat, l'auteur doit savoir trouver les données pertinentes et les théories éclairantes. Il faut, de plus, interpréter ces théories et, à l'occasion, savoir les critiquer. En un mot, il faut voir ce qui est, détecter ce qui manque et ce qui devrait être corrigé, et imaginer ce qui pourrait être, ce qu'on pourrait faire autrement et mieux. En plus de savoir se renseigner, il faut savoir mettre en question, c'est-à-dire exprimer un doute fondé, aller chercher, au delà d'un jugement, les prémisses qui le fondent et, une fois mises à jour ces prémisses, juger de leur solidité.

Exemples de sujet de dissertation-débat :

Tout porte à croire (ou rien ne porte à croire) que la perspective de la peine de mort agit comme moyen efficace de dissuasion.

La montée des humanismes, loin de réaliser la promotion de l'homme, en a marqué le déclin.

Une dissertation-débat part d'une problématique vaste et contemporaine et procède par démonstration pour exprimer une position personnelle.

Enfin, la dissertation peut être un travail de recherche scientifique. Ici, l'auteur analyse un phénomène dans le but de l'expliquer, c'est-à-dire de le faire comprendre. On reconnaît trois niveaux d'explication :

Rendre clair ce qui était obscur.
Exemple : mettre au jour les postulats sous-jacents à une idéologie sociale.

Rendre explicite ce qui était implicite.
Exemple : Darwin dit en somme que le sentiment de supériorité de nature que l'homme entretient face à l'animal n'est qu'une illusion.

Montrer de quelle façon un phénomène est relié à un autre.
Exemple : l'incidence plus ou moins grande de certaines maladies, liées à certaines conditions géographiques, certaines conditions climatiques ou certaines habitudes alimentaires.

La dissertation scientifique est un développement guidé par une hypothèse que l'on entend démontrer. En d'autres mots, le noyau central d'une recherche est une thèse, c'est-à-dire une position que l'auteur considère comme étant vraie et qu'il expose et défend publiquement. Dans l'usage universitaire, la dissertation scientifique peut être présentée comme mémoire pour l'obtention de la maîtrise ou comme thèse en vue du doctorat.

Pour entreprendre une dissertation scientifique, il faut :

Un **sujet d'intérêt,** une sorte de passion-maîtresse, dans un domaine où l'on a acquis une bonne mesure d'expérience et de connaissances théoriques.

Le sujet étant choisi, procéder à la **recension des écrits** dans ce domaine. Cette étude de la littérature permet de :

Vérifier l'**état des connaissances.**

Identifier l'ensemble des questions autour desquelles gravite la recherche dans ce domaine. Cet ensemble de questions est la problématique du champ de recherche.

À partir de cette problématique, **choisir et formuler une question** qui deviendra le point focal de la dissertation. Une bonne question contient une amorce de solution ou de réponse.

Cette amorce de solution devient l'**hypothèse** ou l'idée directrice de la thèse.

b. L'ESSAI

L'essai est un exposé plus souple que la dissertation. L'auteur y exprime ses intuitions, c'est-à-dire des connaissances qu'il ne peut ni ne veut prouver. Le texte fait plus de place à la subjectivité du penseur. Le ton peut être celui du dialogue, du plaidoyer, de la polémique, de l'humour, de la confidence, de la persuasion. L'auteur peut avoir pour but de convaincre, de plaire, d'amuser.

Pourtant, l'essai personnel est bien autre chose qu'un recueil de rêveries vastes et vagues et de considérations gratuites. Les noms de quelques essayistes en disent long, à ce sujet. Qu'on pense, par exemple, au plan international, aux Camus, de Beauvoir, Chesterton, Emerson. Plus près de nous, aux Desbiens (éducation), Dumont (sociologie), Pelletier (politique), Vadeboncœur (philosophie), Bessette (littérature), Groulx (histoire). La seule évocation de ces noms suffit à faire entendre que l'essai personnel qui mérite d'être lu ne saurait être le produit de la spontanéité première. Il est plutôt une œuvre de maturité.

Cet exposé de divers genres littéraires avait pour but de faire comprendre que divers types de travaux comportent des degrés plus ou moins élevés de difficulté et, par le fait même, exigent une préparation plus ou moins poussée de la part de qui veut les entreprendre et les mener à bonne fin. Au premier cycle universitaire, on est capable d'écrire un compte rendu. Reste à savoir, concrètement, comment s'y prendre. C'est dans le but de passer à cette question pratique que nous reprenons notre atelier de travail.

B. UN JEU D'ARCHITECTONIE

Aristote voulait que la philosophie, c'est-à-dire, pour lui, la pensée, soit une science architectonique : penser, c'est en quelque sorte mettre en œuvre l'art et la technique de la construction.

La lecture attentive et la réflexion approfondie, une fois notées, peuvent produire une quantité impressionnante de fiches. Pour conserver l'allégorie de la construction, disons que les contenus des fiches sont des briques et du mortier. Le moment de la mise en place étant venu, il s'agit, pour ainsi dire, de dresser les échafaudages de l'édifice, c'est-à-dire de faire un premier découpage de l'ensemble.

On vous a demandé de présenter la pensée de Durkheim sur le suicide anomique et de voir dans quelle mesure le message de l'auteur pourrait s'appliquer à notre société. Le genre littéraire exigé est le compte rendu.

Vous avez donc recueilli des données qui 1) résument la pensée de l'auteur sur ce point précis et 2) indiquent l'étendue et les limites de son applicabilité dans notre société.

À moins que vous ne l'ayez fait au fur et à mesure de votre lecture, votre première tâche sera de regrouper vos matériaux en deux grandes catégories :
I- Résumé de la pensée de l'auteur.
II- Évaluation ou critique de cette pensée en vue d'en trouver l'applicabilité dans notre société.

Vous avez alors, comme organisation générale :
I- Le suicide anomique selon Durkheim.
II- Le suicide anomique dans notre société.

Au moment de la rédaction, il faudra trouver de meilleurs titres à ces deux volets de votre étude. À cette étape de simple mise en place, on peut se contenter de ces « étiquettes » temporaires.

1. Le chaos

Même après cette première mise en place, vous êtes encore devant deux masses assez informes. Pour le moment, mettez de côté la masse « Évaluation » pour vous concentrer sur la masse « Résumé » de votre étude.

Étalez vos fiches pour les relire sans vous préoccuper d'établir un ordre.

Relisez les thèmes et les sous-thèmes de vos fiches. Vous avez là des indices de regroupements.

En vue de structurer vos matériaux et votre pensée, vous pourriez prévoir, par exemple :

Pour l'ensemble de l'étude :
Deux grands volets :
    Le message de l'auteur (volet « résumé »)
    La réflexion de l'étudiant (volet « commentaire »)
    Ces deux volets portent les chiffres romains I et II

À l'intérieur de chacun des volets,
Trois idées centrales
    formant les parties
    portant les lettres majuscules : A, B, C.

À l'intérieur de chacune de ces parties
Trois idées importantes
    formant les sections
    portant les chiffres arabes : 1, 2, 3.

À l'intérieur de chacune des sections,
    des idées corollaires
    formant des sous-sections
    portant les lettres minuscules : a, b, c.

À l'intérieur de chacune des sous-sections,
    des idées clés
    formant des paragraphes.

2. Des parties : les idées centrales

Voyez si les matériaux de votre volet « Résumé » ne se diviseraient pas en deux ou trois.

Pourquoi deux ou trois? Pour diviser et subdiviser raisonnablement, sans vous disperser, sans émietter ou simplement aligner des données d'information. Vous voulez présenter une pensée, c'est-à-dire un organisme.

Si vous avez quatre ou six idées importantes, regroupez-les en deux ou trois idées centrales.

Pour regrouper, vous dites : « Les idées X, Y, Z vont ensemble parce qu'elles reviennent à une idée centrale. » Précisez laquelle. Retenez le nom de cette idée. Il pourrait devenir le titre de cette partie.

Dans le cas présent, on pourrait trouver que la pensée de Durkheim (volet I), aurait, pour ainsi dire, un tronc et deux grandes branches, parties ou idées centrales.

> *Tronc : Le suicide : symptôme de maladie sociale.*
> *Partie A : Optique et visée de l'œuvre.*
> *Partie B : Le mal de l'anomie.*

3. Des sections : les idées importantes

Vous avez deux ou trois paquets de fiches, chacun avec le nom de son idée centrale, c'est-à-dire le titre de la partie.

Prenez le premier paquet, Partie A : Optique et visée de l'œuvre.

À l'intérieur de cette partie, toujours à partir des thèmes de vos fiches, trouvez deux ou trois idées importantes. Ce sont vos sections.

Vos sections porteront les chiffres arabes : 1, 2, 3.

Exemple :

I- Le suicide, symptôme de maladie sociale

   A- Optique et visée de l'œuvre

      1. La France de Durkheim
      2. Le suicide anomique

4. Des sous-sections : les idées corollaires

À l'intérieur de chaque section ou découlant de chaque idée importante (1, 2, 3), vous trouvez des idées corollaires. Ce sont vos sous-sections.

Les titres des sous-sections vous sont suggérés par les sous thèmes de vos fiches.

Vos sous-sections porteront les lettres minuscules : a, b, c.

Exemple :

I- Le suicide, symptôme de maladie sociale

   A- Optique et visée de l'œuvre

      1. La France de Durkheim
        a. Le culte de l'individu
        b. La désagrégation sociale

5. Des paragraphes : les idées clés

Pour chaque sous-section, trouvez parmi vos fiches celles qui contiennent les idées clés qui serviront de pivot à vos paragraphes.

À partir de ces idées clés, regroupez les informations qui les expliquent, les développent, les illustrent, s'y rattachent, les reprennent.

Vous venez d'établir les contenus de vos paragraphes.

Exemple :

I- Le suicide, symptôme de maladie sociale

A- Optique et visée de l'œuvre

    1. La France de Durkheim
      a. Le culte de l'individu

Dans la France du XIXe siècle, montée du libéralisme économique.
L'ancien ordre social (les classes) n'est plus. Les anciennes contraintes religieuses sont disparues.
L'économie nouvelle est fondée sur la division du travail.
L'isolement du travailleur crée et nourrit le sentiment de singularité au lieu de celui de solidarité.
La société moderne crée l'individu et en fait la nouvelle religion.

(Huisman, 1984, p. 810)

Ce jeu d'architectonie se passe parfois « comme un charme ». Vos parties, sections, sous-sections, paragraphes sont constitués de façon adéquate (vous avez suffisamment de matière) et équilibrée (vos parties, sections, sous-sections sont d'importance à peu près égale). C'est la situation idéale.
Mais il arrive que la situation soit un peu plus problématique. Par exemple :

Certaines sections sont très volumineuses par rapport aux autres. Demandez-vous :
Est-ce que toute cette documentation est importante?
Est-ce que toute cette documentation se rapporte à cette section?

Certaines sections sont trop minces. Demandez-vous :
Est-ce qu'il me manque de la documentation sur ce point? Il faudrait en chercher.
Est-ce que j'ai créé un titre ou un sous-titre vide? Est-ce que j'ai vraiment quelque chose à dire sous cette rubrique?

Vous avez de la documentation non classable.
Peut-être avez-vous, à un moment donné, pris une tangente.
Vous vous êtes laissé distraire, charmer, entraîner par le texte. Vous avez perdu de vue la ou les questions spécifiques que vous aviez à lui poser.

Il est préférable de conserver cette documentation. On trouve toujours l'occasion de s'en servir.

6. La table des matières

À la fin de votre jeu d'architectonie, vous avez établi un plan provisoire, ce qui vous donne une bonne idée de la table des matières de votre texte. Ainsi, vous auriez peut-être :

Le suicide anomique, une interrogation pour aujourd'hui

I- Le suicide, symptôme de maladie sociale

   A- Optique et visée de l'œuvre
     1. La France de Durkheim
       a. Le culte de l'individu
       b. La désagrégation sociale
     2. Le suicide anomique
       a. Le malaise du dérèglement
       b. Un mal social

   B- La maladie de l'anomie
     1. L'anomie économique
       a. Les crises de prospérité
       h. Cupidité et suicide
     2. L'anomie conjugale
       a. La tyrannie des désirs
       b. Divorce et suicide

   C- Remèdes à l'anomie
     1. La loi sociale
       a. Limite nécessaire
       b. Instrument de cohésion
     2. Le mariage monogame
       a. Soumission restrictive
       b. Contrainte salutaire

II- L'anomie contemporaine

   A- L'autre face du progrès
     1. Révolution économique
       a. Spécialisation et fragmentation
       b. Lutte des intérêts

2. Révolution des relations
    a. L'idéal de l'indépendance
    b. Des foules de solitaires

B- L'escalade des besoins
  1. Le prix des avoirs
    a. Les aléas de l'ambition
    b. Les exigences de la concurrence
  2. La fragilité des unions
    a. La libéralisation des mœurs
    b. Les partenaires provisoires

C- Pour prévenir le suicide
  1. Repenser les valeurs sociales
    a. De l'avidité à la générosité
    b. De la compétition à la collaboration
  2. Restaurer le sens de l'autre
    a. De l'autosuffisance à l'interdépendance
    b. Des monologues à l'échange

Un titre ou un sous-titre est le NOM d'une partie ou d'une section. Un bon titre :
- *évite la phrase complète*
- *est un syntagme nominal, c'est-à-dire un ensemble de noms qui ont une signification claire.*

La lecture de la table des matières révèle la qualité du résumé et l'orientation du commentaire.

Cette table des matières montre l'équilibre entre la partie I-Résumé et la partie II-Commentaire

---

Pour mettre en place une table des matières, il faut déterminer 1) en quoi consistera chacune des parties du travail et 2) comment chacune de ces parties se rattache au tout.

Une fois terminé ce travail sur l'ensemble de l'étude, on met de côté le volet II-Commentaire pour se concentrer sur le volet I-Résumé.

a. PRÉSENTATION DES UNITÉS MAJEURES

Il est bon d'écrire quelques lignes qui présenteront un volet ou une unité majeure.

Exemple :

I- Le suicide, symptôme de maladie sociale

Pour Durkheim, le suicide est le symptôme d'une maladie qui, bien qu'elle affecte l'individu, interroge la société. L'auteur voit, comme cause du suicide, l'anomie ou la désintégration sociale, telle qu'on l'observe dans la vie publique, c'est-à-dire du point de vue économique, et dans la vie privée, c'est-à-dire du point de vue conjugal. Ayant trouvé la cause du mal, le sociologue se fait réformateur. Durkheim propose, comme remède à l'anomie, la restauration de la loi, instrument de cohésion tant dans la vie sociale que dans la vie conjugale.

Cette présentation contient :

l'idée centrale qui constitue ce volet de l'étude ;

le lien entre ce volet et le titre de l'étude ;

les idées centrales, titres des parties A, B, C qui en découleront.

---

b. PARAGRAPHES

À l'intérieur de cette section, relisez, remettez en ordre, en pensant à la construction des paragraphes. Le paragraphe est d'une importance capitale, puisqu'il est l'unité de base de la pensée. Du point de vue de la forme, on pourrait dire qu'il est un micro-texte, avec son introduction, son développement et sa conclusion. Ainsi :

• l'idée clé fait l'objet de la première phrase du paragraphe. C'est elle qui introduit ce dont on va parler ;

• chacune des phrases suivantes vient continuer, illustrer, expliquer l'idée clé. C'est le développement ;

• la dernière phrase reprend, à la lumière de ce qui a été dit, la première phrase du paragraphe. C'est la conclusion.

• Un bon paragraphe contient une dizaine de phrases.

Exemple :

1. La France de Durkheim
   a. Le culte de l'individu

Idée clé La France du 19ᵉ siècle voit la montée du libéralisme économique et, par le fait même, l'avènement de l'individualisme psychologique. Sous l'ancien régime, les membres des divers ordres sociaux avaient connu le sens de la solidarité; désormais, dans l'arène de la libre entreprise, chacun ne peut compter que sur ses propres ressources, chacun tente de régler à son avantage les jeux de la concurrence. Dans la société **Développement** ancienne, les religions jouaient un double rôle : limiter les désirs des individus et leur offrir le réconfort d'une communauté. Le sens de la limite et celui du consensus sont maintenant disparus. Au contraire, l'industrialisation avive les désirs personnels en ouvrant un champ indéfini à la production et à la consommation. De plus, parce qu'elle entraîne la spécialisation du travail, l'industrialisation amène l'isolement. Les fonctions étant de plus en plus diversifiées, les travailleurs ont de moins en moins d'intérêts communs. La société industrielle crée et favorise l'individualité, les différences, la singularité, l'indépendance. L'idéal **Conclusion** n'est plus de se joindre aux autres mais de se distinguer d'eux; non plus de collaborer mais d'entrer en concurrence. La société industrielle instaure la règle du chacun pour soi. L'individu devient « l'objet d'une sorte de religion » (Huisman, 1984, p. 810).

c. LES ARTICULATIONS DES UNITÉS MAJEURES

À la fin du volet I, il serait bon de :

•   *rappeler les idées centrales, parties A, B, C dont il a été question;*

•   *montrer le lien entre ce volet et celui qui suivra;*

•   *présenter les idées centrales, parties A, B, C du deuxième volet, dans l'ordre où elles apparaîtront.*

Exemple :

Durkheim observe que le taux de suicide varie en raison inverse du degré d'intégration sociale. L'anomie propre à l'idéologie libérale s'attaque au tissu social, tant sur le plan de l'activité publique que dans le domaine privé des relations conjugales. C'est l'état même des faits qui impose le remède : la restauration de la fonction régulatrice de la loi, unique instrument de cohésion sociale.

Le message de Durkheim garde-t-il toute sa pertinence aujourd'hui? Le second volet de cette étude a pour but de montrer qu'à plusieurs égards, les penseurs de l'ère post-industrielle ou de la « troisième vague » comme d'ailleurs nombre de victimes de la course au succès partagent, en bonne partie, les vues de l'auteur. Notre société découvre de plus en plus l'autre face du progrès : la surspécialisation et la concurrence créent des foules de solitaires. Le progrès entraîne encore, tant du point de vue économique que du point de vue des relations interpersonnelles, l'escalade des besoins et l'obsession de la promotion personnelle. Aussi les associations de prévention du suicide tentent-elles, chacune à sa façon, d'abord de repenser le système des valeurs d'inspiration matérialiste, puis, et peut-être surtout, de restaurer le sens de la solidarité.

d. L'INTRODUCTION GÉNÉRALE

Il y a, d'une part, la logique du lecteur qui veut voir, dans l'ordre, l'introduction, le développement et la conclusion. Mais il y a, d'autre part, la logique de l'auteur, qui écrit d'abord le développement, puis l'introduction et la conclusion. C'est une fois le texte entièrement rédigé qu'on écrit l'introduction générale. Dans une introduction, on doit trouver :

*le **sujet amené**, c'est-à-dire le contexte, le fond de scène, la problématique où se situe le sujet étudié;*

*le **sujet posé**, c'est-à-dire la question spécifique de l'étude;*

*le **sujet divisé**, c'est-à-dire les aspects de la question ou les grandes articulations qui feront le développement.*

Exemple :

Sujet amené

En 1897, le sociologue Durkheim observe la montée du taux des suicides dans des sociétés nouvellement favorisées par l'avènement du libéralisme économique avec ses promesses de progrès. Sans ignorer les aspects psychologiques du suicide, Durkheim s'attache aux phénomènes sociaux que sont les taux et les vagues de suicides. Les données statistiques indiquent que plus le niveau de vie s'élève, plus la volonté de vivre décroît. Pour l'auteur, une question s'impose : « Comment ce qui passe généralement pour améliorer l'existence peut-il en détacher? » (1976, p. 271). *Le suicide* aura donc pour but de trouver d'abord en quoi consiste la cause sociale du suicide et ensuite par quels moyens on peut agir sur cette cause (1976, p. 15-16).

On pourrait certainement dire que le suicide est l'un des derniers tabous de notre siècle. Il s'agit, en effet, d'un événement quotidien qu'on s'applique, le plus souvent, à camoufler. Qu'est-ce donc qu'on ne veut ni voir ni entendre dans ce fait? Dans une société qui multiplie et prodigue les moyens de bien-être, que disent ceux qui perdent les raisons et le goût de vivre? Que disent, par exemple, les adolescents suicidaires à une société qui, pourtant, les entoure d'abondance matérielle et adule l'idée de jeunesse? Ces questions rejoignent celle du sociologue Durkheim.

Sujet posé

Cette étude poursuit un double objectif. D'abord, découvrir ce que Durkheim identifie comme cause du problème et ce qu'il propose comme voie de solution. Ensuite, examiner en quoi et dans quelle mesure les vues de Durkheim pourraient éclairer une question qui, encore aujourd'hui, constitue l'un des problèmes majeurs de notre société.

Sujet divisé

Dans un premier volet, nous verrons comment, pour Durkheim, le suicide est le symptôme d'une maladie sociale. Ce malaise, c'est l'anomie ou le dérèglement. Dans la vie économique et dans la vie conjugale, l'anomie cause la désintégration de la conscience collective. C'est cette désintégration qui cause le suicide. Pour le prévenir, conclura l'auteur, il faut restaurer le sens d'appartenance à la communauté sociale.

Les vues de Durkheim conservent, encore aujourd'hui, une grande part de leur pertinence. Dans un second volet, nous soulignerons ce que l'auteur appellerait l'anomie contemporaine et la désintégration sociale qui en résulte. En effet, le progrès révèle de plus en plus sa face cachée, c'est-à-dire l'escalade des besoins et l'insatisfaction chronique. Aujourd'hui, les sociétés de prévention du suicide cherchent à restaurer le sens de la solidarité, ce que Durkheim lui-même préconisait.

Le sujet amené situe la problématique ou l'ensemble des questions dont fait partie la question qui sera traitée.

Le sujet posé nomme la question qui sera traitée.

Le sujet divisé décrit le développement que suivra la pensée ou la méthode qu'on entend adopter pour trouver une réponse à la question traitée. Cette troisième partie de l'introduction présente les grandes articulations du texte, c'est-à-dire, dans le cas présent, les volets et les parties.

---

e. LA CONCLUSION GÉNÉRALE

Dans une conclusion générale, on doit trouver :
*un **résumé**, en ordre, des grandes articulations de l'étude (Voir Introduction, sujet divisé);*

*une **ouverture** de cette étude sur des aspects nouveaux de la problématique où elle se situe.*

Exemple :

Résumé

Pour Durkheim, le libéralisme économique entraîne ce qu'il appelle « le mal de l'infini ». L'auteur observe que poursuivre une fin inaccessible, que ce soit sur le plan des richesses matérielles ou des biens sentimentaux, c'est se condamner à la déception. C'est aussi et surtout s'enfermer dans l'isolement, puisque l'ambition personnelle s'accommode mal du sens de la communauté. Le remède au mal de l'infini et à la fragmentation sociale réside, en somme, en ce dont Durkheim et d'autres intellectuels français de l'époque rêvaient, à savoir un régime d'inspiration socialiste.

Aujourd'hui, l'abondance matérielle et la poursuite du bonheur sont devenus des droits inaliénables de l'individu. Pourtant, les conduites suicidaires et le suicide comptent au nombre des problèmes majeurs de notre société. Tout se passe comme si, de plus en plus, le progrès révélait sa face cachée : dans l'arène économique, les guerres des intérêts et, sur le terrain des relations interpersonnelles, le prix de l'indépendance. Les besoins toujours nouveaux ont fini par créer une société du « prêt à jeter ». Du côté des objets comme trop souvent du côté des personnes, ce qu'on a doit céder la place à ce qu'on peut avoir.

Ouverture

Faudrait-il, suivant le conseil de Durkheim, opter pour une société de type socialiste ? Le mouvement actuel de *perestroïka* pourrait suggérer que là n'est peut-être pas la solution. Les sociétés pour la prévention du suicide semblent plutôt suggérer que la réponse ne réside ni dans l'indépendance de l'individu ni dans une structure sociale anonyme, mais dans ce qui serait un sens de l'interdépendance, de la solidarité et de l'appartenance au sein d'une communauté devenue objet d'un engagement personnel.

C. POUR BIEN ÉCRIRE, RÉCRIRE

Ce n'est pas pour rien qu'une première rédaction se nomme aussi « premier jet » ; un premier texte est, en effet, écrit sous l'impulsion d'un jaillissement d'idées. Or, rien n'est moins systématique que le fonctionnement de l'esprit. Voilà pourquoi, au dire même d'Aristote, la logique systématique est un art, et même l'art des arts. Être logique, c'est en effet concevoir et présenter sous forme de raisonnement ce qui est apparu à l'esprit dans l'éclair d'une intuition. Cette reconstruction exige, en somme, qu'on procède exactement à l'inverse du mouvement spontané de l'intelligence. Pour bien écrire, il faut peut-être surtout apprendre à récrire.

Mais peut-on vraiment apprendre ? Un coup d'œil même rapide sur les titres cités plus loin en bibliographie suggère que la pensée et l'expression de la pensée relèvent en bonne partie d'un art. Il entrera donc toujours, dans un travail de recherche, un élément impondérable, imprévisible et imprescriptible. Cet élément, c'est la richesse et la liberté de l'imagination créatrice. Pourtant, l'esprit créateur a besoin, pour s'exprimer et se faire comprendre, des instruments et de la technique d'un art, d'un métier ou d'une science. On pourrait dire, en simplifiant à peine, que la technique d'un bon texte est l'ordre ou la structure. Il est toujours possible de trouver une conclusion fausse exprimée sous une forme cohérente; c'est le cas du sophisme, erreur intentionnelle, ou du paralogisme, erreur involontaire[8]. Pourtant, en général, les oppositions de fond et de forme, de style et de contenu sont assez artificielles. Un bon texte de recherche procède de façon linéaire. Il est cohérent et s'exprime en termes clairs, simples et concis[9]. On dit qu'il « se tient » quand, au niveau des jugements, il s'appuie sur des faits pratiques et théoriques documentés et que, du point de vue du raisonnement, ces jugements s'enchaînent naturellement les uns aux autres. Un bon texte est aussi un développement où les unités plus ou moins importantes — parties, sections, sous-sections, paragraphes — sont à la fois bien distinctes et bien emboîtées.

Pour vérifier dans quelle mesure votre texte se tient, il s'agit d'en revoir :

1. La structure d'ensemble

La **table des matières** doit remplir trois fonctions : 1) donner le profil général, le fil conducteur du texte; 2) présenter les unités principales : parties et sections du texte; 3) montrer les liens logiques entre ces unités.

L'**introduction générale** doit contenir la perspective d'ensemble du texte, c'est-à-dire le point de départ de la pensée (sujet amené), la question centrale (sujet posé) et la démarche logique du texte (sujet divisé).

Les **présentations des unités majeures** doivent guider le lecteur de façon immédiate.

Les **résumés** de chacune des unités majeures doivent servir de rappel au lecteur et le guider pour la suite du texte. Le résumé est, pour l'auteur, un exercice de contrôle. Rien de tel pour mesurer la cohérence, la clarté et la concision de son message.

La **conclusion** doit résumer l'ensemble du texte (rétrospective) et ouvrir l'étude sur de nouvelles perspectives (prospective).

La **structure des paragraphes.** La première phrase doit contenir l'idée clé. Chacune des phrases suivantes doit la développer. La dernière doit la reprendre.

2. Le détail des contenus

Les **affirmations importantes,** c'est-à-dire les prémisses des raisonnements, doivent être fondées ou documentées.

Les **arguments.** Dans un texte à caractère scientifique, ils doivent faire appel à la raison et non à l'émotion.

L'**aspect linéaire** du texte. Les digressions sont des distractions qui font perdre le fil de la pensée.

L'**équilibre** du texte. Chacune des parties doit faire l'objet d'un développement proportionnel à son importance. Pour guider le débutant, on pourrait dire que l'introduction doit occuper à peu près un dixième du texte et la conclusion, à peu près la moitié moins d'espace. Il est bon d'accorder une importance à peu près égale aux différentes unités de l'étude.

Le **style** ne doit jamais être celui de la conversation familière. Parce qu'il s'agit d'informer et non de distraire ou de plaire, le style doit céder la place aux contenus. C'est pourquoi il faut tâcher d'écrire de façon concise, impersonnelle, directe, simple et précise.

La **correction grammaticale et lexicale** est essentielle.

Pour la **mise en pages** du manuscrit, voir, ci-après, chapitre V.

V

ÉCRIRE POUR SUSCITER LA PENSÉE

> La forme, c'est le fond qui remonte à la surface.
> **Victor Hugo.**

Le but d'un écrit à caractère scientifique n'est pas de plaire, de distraire ou d'imposer une perspective, mais de proposer une réflexion. Certes, personne ne prétend à l'« objectivité pure » ; il est inévitable qu'un écrit, s'il a le moindre intérêt, provoque une réaction émotive. Ce n'est pourtant pas là son objet principal. Un texte scientifique vise à éveiller la pensée.

Ce chapitre est, en quelque sorte, une explication de l'exposé sur le genre scientifique. Nous verrons d'abord en quoi le style scientifique est propre à inviter à la réflexion. Puis nous expliquerons en quoi le système des renvois permet et facilite la pensée personnelle du lecteur. Enfin, nous soulignerons l'importance de la présentation du manuscrit.

A. LE STYLE SCIENTIFIQUE

1. Qualités stylistiques

Pour inviter à la réflexion, le style scientifique adopte le ton impersonnel. L'auteur cède la vedette aux faits et se retire, en quelque sorte, pour permettre au lecteur de poursuivre sa propre pensée. Cela veut dire, concrètement, qu'un écrit scientifique évite le langage familier. Les « je », « vous », « tu » ne figurent pas dans une langue formelle et impersonnelle. En français, il est parfois difficile d'éviter les pronoms personnels, d'autant plus que la forme passive à laquelle on recourt facilement en anglais n'est pas toujours grammaticalement appropriée. On tâche de l'éviter en adoptant des tournures telles que : « Dans ce texte, il est question de... », « Le propos de cette étude est de... », « La première partie de cette étude a pour objet... ».

L'élégance de la langue scientifique est faite de sobriété, de précision, de concision, de correction et, pour tout dire en un mot, de clarté[9]. La sobriété veut qu'on évite les expressions précieuses et les tournures maniérées. Du point de vue lexical, la surcharge d'adjectifs et d'adverbes et l'usage de superlatifs sont contre-indiqués dans un texte qui, par définition, doit se préoccuper d'exposer les faits. La précision exige qu'on vérifie le sens des mots, peut-être surtout de ceux qu'on emploie le plus familièrement. Il serait bon, aussi, de privilégier le substantif, c'est-à-dire le nom, puisque c'est lui qui porte la substance des choses. La concision suppose que l'auteur sache ramener sa pensée à l'essentiel; il lui faut alors distinguer entre ce qui est intéressant et ce qui est nécessaire à la compréhension de son texte. Le texte concis évite les phrases longues. Plus les propositions subordonnées et les pronoms relatifs se multiplient, plus on court le risque de la confusion. La langue scientifique est, peut-être avant tout, correcte, c'est-à-dire conforme aux règles établies de l'orthographe, de la grammaire et de la ponctuation. Les erreurs lexicales ou syntaxiques, parce qu'elles sont sources de confusion, ne doivent pas figurer dans un texte dont l'objet est de transmettre de l'information et d'inviter à la réflexion. Enfin, la clarté est la somme de toutes les qualités du style scientifique. Pour souligner, dans un texte, l'art de la sobriété, de la précision, de la concision et de l'exactitude, on dit qu'il est limpide.

Parce qu'un écrit scientifique a pour but de présenter des faits, il ne peut se permettre de refléter ou de modeler des préjugés, c'est-à-dire des jugements portés avant l'examen et l'évaluation des faits. Un préjugé est, en effet, une généralisation gratuite. Aujourd'hui, avec le recul que donne l'expérience historique, la communauté scientifique est de plus en plus consciente de l'impact des mots sur la pensée et de plus en plus soucieuse d'éviter le langage qui véhicule des généralisations faites *a priori* au sujet de groupes ethniques, de femmes, de groupes d'âge, de personnes handicapées, de membres de l'une ou l'autre profession. Parce que la science veut être universelle, elle ne peut ni se permettre les exclusions culturelles ni se cantonner dans les particularismes[10].

2. Des outils indispensables

Pour arriver à maîtriser le style scientifique, il faut, en plus de la pratique, disposer de certains outils. À titre indicatif :

a. Pour la correction lexicale et syntaxique :
Dictionnaires :
Robert, P. (1986). *Dictionnaire alphabétique et analogique de la langue française, Le Petit Robert*. Paris : Société du nouveau Littré.
Thomas, A.V. (1971). *Dictionnaire des difficultés de la langue française*. Paris : Librairie Larousse.

Grammaires :
Grevisse, M. (1980). *Nouvelle grammaire française.* Paris :
    Duculot.
Le Bescherelle 3 (1984). *La grammaire pour tous.* LaSalle,
    Québec : Hurtubise HMH.

b. Pour la précision des termes propres à un domaine, les
    dictionnaires spécialisés.
    Par exemple : Dictionnaires philosophiques :
    Foulquié, P., & Saint-Jean, R. (1969). *Dictionnaire de la langue*
        philosophique (2e éd.). Paris: P.U.F.
    Lalande, A. (1976). *Vocabulaire technique et critique de la*
        philosopohie (12e éd.). Paris : P.U.F.

c. Autres ouvrages utiles
    Dictionnaire des synonymes :
    Bailly, R. (1971). *Dictionnaire des synonymes de la langue*
        française. Paris : Librairie Larousse.
    Dictionnaire anglais-français :
    Mansion, J.E. (1982). *Grand Harrap : Dictionnaire français-*
        anglais et anglais-français. Édition Atlas (Vol. 1-4).
        London : Harrap.

B. UN SYSTÈME DE RÉFÉRENCES

1. Dans le texte

Un texte scientifique doit toujours se référer, c'est-à-dire se situer par rapport à un ensemble ; c'est que la science est œuvre collective et cumulative. Renvoyer un lecteur à un autre texte ou à une autorité, c'est donner valeur et crédibilité à une étude. Les références peuvent prendre deux formes différentes. D'abord, la paraphrase : on pourrait écrire, par exemple : « Dans *Les rêveries d'un promeneur solitaire,* Rousseau prend conscience du conflit entre la raison et la sensibilité » (p. 56). Les renvois peuvent aussi prendre la forme de la citation textuelle, c'est-à-dire d'un passage transcrit dans les mots exacts de l'auteur. On écrirait alors, par exemple : « Le Rousseau des *Rêveries* s'étonne : « On dirait que mon cœur et mon esprit n'appartiennent pas au même individu » (p. 56).

Le fait de donner vos références devrait devenir un automatisme. Vous écrirez à partir de vos fiches. Au coin gauche supérieur, vous avez pris soin de noter chez quel auteur, dans quelle œuvre, à quelle page vous avez puisé tel élément de documentation. Il faut donner cette source afin d'inviter à la réflexion et à l'échange. Ainsi :

Le lecteur très intéressé voudra poursuivre ce qu'il estime être pour lui une bonne piste de recherche. La référence lui en donne les moyens.

Le lecteur mettra en question votre interprétation sur un point précis. Dans ce cas, la référence permet de retrouver le contexte original et de vérifier.

Dans une évaluation, les références à la littérature pertinente montrent que l'auteur ne s'est pas fait une idée a priori. À ce point de vue, donner ses références, c'est démontrer sa compétence.

Cela ne veut pas dire qu'on peut se contenter d'aligner les références et les citations. C'est l'équilibre et le bon ajustement entre, d'une part, ce qu'on a à dire et, d'autre part, les appuis que l'on cherche dans la littérature qui indiquent la qualité de son jugement et l'étendue de ses compétences.

On ne vous permet d'écrire qu'un certain nombre de pages; c'est que l'une des grandes qualités d'une étude est la concision. Il s'agit, à l'intérieur d'un espace limité, de réussir à : 1) écrire quelque chose de valable, 2) appuyer sa pensée pour lui donner la crédibilité nécessaire. On évite les citations trop longues, du genre

> ... les besoins sexuels de la femme ont un caractère moins mental, parce que, d'une manière générale, sa vie mentale est moins développée. Ils sont plus immédiatement en rapport avec les exigences de l'organisme, les suivent plus qu'ils ne les devancent et y trouvent, par conséquent, un frein efficace. Parce que la femme est un être plus instinctif que l'homme, pour trouver le calme et la paix, elle n'a qu'à suivre ses instincts. Une réglementation sociale aussi étroite que celle du mariage monogame ne lui est donc pas nécessaire (Durkheim, 1976, p. 306).

On pourrait plutôt écrire :

Selon Durkheim, la règle sociale du mariage monogame n'est pas nécessaire à la femme. En effet, la femme étant « un être plus instinctif que l'homme », sa vie mentale étant en général « moins développée » que la sienne, ses besoins sexuels « trouvent un frein efficace » dans son organisme lui-même. Pour échapper à la tyrannie des désirs, la femme « n'a qu'à suivre ses instincts » (1976, p. 306).

Il faut plus de travail pour intégrer ainsi, dans son propre texte, les citations et les références qu'on puise chez les auteurs. C'est qu'au lieu de se contenter d'assembler des « morceaux » de pensée empruntés aux autres, on doit aller chercher, chez les autres, exactement ce qu'il faut — et rien que ce qu'il faut — pour appuyer sa propre pensée.

Il existe plusieurs façons de donner ses références. La méthode connue sous le nom de Shevenell, par exemple, ou d'autres semblables, est mieux adaptée à la recherche de type théorique. La méthode préconisée par l'*American Psychological Association* (APA) est particulièrement bien adaptée à la recherche de type quantitatif. Quelle que soit la méthode utilisée, il est essentiel de la suivre de façon constante.

Voici **quelques exemples de renvois** illustrant la méthode de l'APA :

1. Renvoi à un auteur. Ne pas indiquer de prénom, sauf dans le cas où deux personnes porteraient le même nom.

   Durkheim (1976) voit pour sa part que le suicide trouve son explication dans...

   ou

   Pour Durkheim, les désirs et les besoins personnels doivent être limités et contrôlés. Chez les animaux, le contrôle réside dans l'instinct. Mais il n'y a rien dans l'individu qui puisse fixer une telle limite aux passions ; c'est pourquoi la limite ne peut venir que de l'extérieur. C'est la loi sociale qui devient une puissance régulatrice. Ainsi, pour les humains, la loi devient pour les besoins moraux ce que, chez les animaux, l'instinct est pour les besoins vitaux (1976, p. 275).

   ou

   En 1976, Durkheim...

2. Renvoi à plusieurs auteurs. Les noms doivent être cités en ordre alphabétique, séparés par un point-virgule, sans l'initiale des prénoms.

   Bon nombre de chercheurs (Freudenberger, 1985 ; Martin de Kocmarek, 1987 ; Patrick, 1985 ; Stolland, 1964 ; Varah, 1985) donnent au concept de suicide...

   ou, si les auteurs ont tous publié la même année : Bradner, Jones, Smith, Tarrington et Williams (1983) démontrèrent...

   N.B. Si les auteurs sont cités à l'intérieur d'une parenthèse, le signe typographique « & » est utilisé. Dans le texte, ils sont réunis par la conjonction « et ».

3. Une citation textuelle courte (moins de cinq lignes) apparaît toujours entre guillemets, dans le cours du texte.

Lorsqu'on désire citer une partie spécifique du texte d'un auteur, on doit indiquer la page (p.) ou le chapitre (chap.), la figure, le tableau ou l'équation à l'endroit approprié dans le texte. Exemples :

à la fin d'une phrase :

Durkheim (1976) définit le suicide comme étant « tout cas de mort qui résulte directement ou indirectement d'un acte positif ou négatif, accompli par la victime elle-même et qu'elle sait devoir produire ce résultat » (p. 5).

à l'intérieur d'une phrase :

Durkheim observe que les patrons plus que les ouvriers sont « atteints du mal de l'anomie, [puisque] les plus fortunés sont ceux qui souffrent le plus » (1976, p. 287) des désirs infinis.

4. Une citation textuelle longue (plus de cinq lignes) est placée en retrait. Exemple :

Durkheim écrit :

Parce que la prospérité s'est accrue, les désirs sont exaltés. La proie plus riche qui leur est offerte les stimule, les rend plus exigeants, plus impatients de toute règle... L'état de dérèglement ou d'anomie est donc renforcé du fait que les passions sont moins disciplinées... (1976, p. 281).

Les trois point (...) indiquent qu'une partie du texte a été omise

À l'intérieur d'une citation, on peut se servir de crochets pour ajouter un ou plusieurs mots qui pourront aider à la compréhension. Exemple : « La société contemporaine [marquée par l'idéologie libérale] nourrit un sentiment aigu de la singularité au lieu du sens de la solidarité. »

2. En fin de texte

La liste de références placée à la fin du travail indique les sources auxquelles le texte renvoie explicitement, que ce soit sous forme de paraphrase ou de citation. Les références sont regroupées en ordre alphabétique, mais elles peuvent occasionnellement suivre un autre ordre. Il arrive qu'on veuille ou qu'on doive présenter un nombre considérable de documents relatifs à la question étudiée. Ces documents ont été consultés mais ne font pas l'objet d'une référence explicite dans le texte. On dresse alors une bibliographie. (Voir section C.)

C. PRÉSENTATION DU MANUSCRIT

Papier. *Le papier utilisé doit être blanc et de format 21,6 × 28 cm (8½″ × 11″). Le texte est écrit au recto, à interligne double.*

Marges. *Les marges sont habituellement de 4 cm en haut, en bas, à droite et à gauche.*

Pagination. *Les pages qui portent un titre (page-titre, table des matières, introduction, références, etc.) sont comptées mais non paginées. Les autres pages doivent être paginées dans le coin supérieur droit.*

Soulignement. *Les éléments suivants doivent être soulignés :*
- *les titres de livres, de revues et de tests ;*
- *les nouveaux termes techniques, les termes en langue étrangère ou les termes clés. Exemple : emperia ;*
- *les lettres utilisées comme symboles statistiques ou comme variables algébriques ;*
- *un mot ou une partie de phrase que l'on veut mettre en évidence.*

Abréviations. *Il ne faut pas abuser des abréviations dans un texte. Si vous en faites usage, vous devez en indiquer la signification. Certaines abréviations sont reconnues universellement et n'exigent pas d'explication. Exemple : QI. Plusieurs abréviations latines sont également acceptées. Exemple : i.e. ; etc. ; e.g.*

Transcription des nombres. *Les nombres inférieurs à 10 s'écrivent en lettres ; 10 et les nombres supérieurs s'écrivent en chiffres. On écrit toujours en toutes lettres un nombre qui commence une phrase.*

Tableaux et figures. *Chaque tableau doit être numéroté en chiffres arabes et son titre doit être inscrit au-dessus (le titre est souligné). Exemple :*

Tableau 2
Répartition des sujets dans chacun des stades cognitifs

Chaque figure doit être numérotée en chiffres arabes et son titre doit être inscrit au-dessous (le mot figure est souligné). Exemple :

Figure 2. Schéma du dynamisme motivationnel

Utilisation de l'ordinateur. *Plusieurs étudiants ont déjà eu l'occasion d'apprécier l'importance croissante du micro-ordinateur. C'est un outil de travail pratique, puissant, rentable et efficace. Il permet des modifications illimitées sans obliger à retaper le texte en entier. Il faut cependant éviter les « enjolivements » que permet cet appareil : la sobriété d'expression demande qu'on évite le style « pancarte », « réclame », etc.*

Contenu[11]. *Un travail écrit doit contenir les éléments suivants :*

La **page de titre** *est dactylographiée en majuscules et contient les renseignements suivants :*
le titre du travail;
le nom de l'auteur (ou des auteurs);
le nom de la personne à qui le travail est remis;
le nom et le numéro du cours;
le nom de l'institution;
la date de remise du travail.

(Titre du Travail)
par
(Nom de l'auteur
ou des auteurs)

Travail présenté à (nom du professeur)
dans le cadre du cours (nom du cours)

(Nom de l'institution)
(Date de remise : mois et année)

La **table des matières** *(voir l'exemple à la page 121) suit immédia-tement la page de titre et contient le titre de chacune des parties du travail ainsi que le folio de la page où le sujet est traité. Les titres des chapitres sont en majuscules alors que les subdivisions à l'intérieur de chaque chapitre sont en minuscules.*

TABLE DES MATIÈRES

La **liste des tableaux**

Si le travail contient des tableaux, une liste appropriée doit faire suite à la table des matières sur une page distincte et titrée. L'on doit alors transcrire les titres des tableaux sans les abréger et indiquer les numéros des pages où ils figurent.

La **liste des figures**

Si le travail contient des figures, une liste appropriée doit faire suite à celle des tableaux, sur une page distincte et titrée.

L'**introduction**

Le titre se place en lettres majuscules à cinq centimètres du bord supérieur de la feuille et le texte commence à trois centimètres plus bas.

Le **corps du texte**

Il peut contenir deux ou trois parties qui sont divisées en chapitres. Il inclut les citations, les tableaux et les figures. Les parties et les chapitres peuvent être indiqués par le système de division suivant :

I. *Chapitres en chiffres romains*
  A. *lettres majuscules*
    1. *chiffres arabes*
      a. *lettres minuscules*

La **conclusion**

Même disposition que l'introduction.

Les **notes** et les **annexes** ou appendices

Il est parfois nécessaire de rédiger des notes explicatives qui, tout en évitant d'alourdir le texte, pourraient donner au lecteur une meilleure compréhension. Il arrive aussi que les explications supplémentaires soient en elles-mêmes des documents. On les annexe alors au texte. Ces notes et annexes se placent à la suite de la bibliographie, sur des feuilles séparées et portant les titres « Notes » et « Annexes ».

On identifie les notes au moyen de chiffres arabes (1, 2...) que l'on place dans le texte de la façon suivante : ...les mêmes résultats (voir note 3)... ou bien en position haute, sans parenthèses, avant tout guillemet, toute parenthèse et toute ponctuation basse, mais après la ponctuation haute (point d'interrogation, point-virgule, deux points). Exemple : Les expressions[3] qui...

On identifie les annexes ou appendices au moyen de lettres majuscules (A, B,...).

Les règles de présentation des références et de la bibliographie sont identiques.

1. **Règle générale**

Les références ou la bibliographie sont indiquées de la manière suivante :

a. Le **nom de l'auteur** ou de l'éditeur :
- *donner d'abord le nom de famille et l'initiale du prénom de tous les auteurs, quel qu'en soit le nombre;*
- *utiliser la virgule pour séparer les noms des auteurs et pour séparer le nom et l'initiale du prénom; avec deux ou plusieurs auteurs, utiliser le symbole typographique & avant le nom du dernier auteur;*
- *écrire au complet le nom d'une corporation;*
- *lorsqu'il n'y a pas de nom d'auteur, inscrire le titre du livre à l'endroit où devrait paraître le nom de l'auteur;*
- *dans le cas d'un ouvrage collectif, placer le nom de l'éditeur (ou des éditeurs) à l'endroit où apparaît ordinairement le nom de l'auteur. Après le dernier nom, écrire le mot « éditeur » (ou « éditeurs ») entre parenthèses;*
- *terminer la liste des éléments par un point.*

b. La **date de publication :**
- *donner entre parenthèses l'année du droit d'auteur (copyright);*
- *pour les documents non publiés, indiquer l'année de production;*
- *dans le cas de magazines et de journaux, indiquer l'année, le mois, la date de parution;*
- *terminer par un point.*

c. Le **titre du livre :**
- *écrire le titre du livre en minuscules; réserver la majuscule à la lettre initiale du premier mot du titre et du sous-titre;*
- *souligner le titre et terminer par un point; dans le cas d'informations additionnelles (par exemple : 3e éd. ou vol. 2), on les ajoute entre parenthèses, immédiatement après le titre, avant le point.*

d. Les **détails de publication**
- *donner le nom de la ville de l'éditeur et terminer par deux points (:);*
- *indiquer le nom de la maison d'édition après les deux points et terminer par un point.*

2. *Exemples de références*

Référence à un livre

- un livre d'un auteur :
Morissette, D. (1984). *La mesure et l'évaluation en enseignement.* Sainte-Foy : Presses de l'Université Laval.

- un livre de deux auteurs :
Piaget, J., & Inhelder, B. (1951). *La genèse de l'idée de hasard chez l'enfant.* Paris : Presses universitaires de France.

• un ouvrage collectif :
Gauthier, B. (éd.). (1984). *Recherche sociale. De la problématique à la collecte des données*. Québec : Presses de l'Université du Québec.

• un chapitre ou un article dans un livre collectif :
Mellos, K. (1984). La dichotomie faits-valeurs dans la science empirico-analytique. Dans B. Gauthier (éd.), *Recherche sociale. De la problématique à la collecte des données* (pp. 469-487). Québec : Presses de l'Université du Québec.

• un livre traduit :
Adler, M., & Doren, C.W. (1964). *Comment liro los grands auteurs* (Traduction L.A. Bélisle). Québec : Bélisle.

Revues et journaux

• un article de revue scientifique, un auteur :
Brien, R. (1983). Une perspective cognitive pour le choix de stratégies d'enseignement. *Revue des sciences de l'éducation, 9,* 23-40.

• un article de revue scientifique, deux auteurs :
Dufresne-Tassé, C., & Lefebvre, A. (1986). Exploration de trois questions sur la recherche qualitative à partir d'un projet de pédagogie muséale. *Revue canadienne de l'Éducation, 11*(4), 407-422.

• un article de magazine :
Halpern, S. (1984, décembre). Comment meurt une langue. *Actualités,* pp. 92-99.

• un article de journal :
Cousineau, L. (1983, 18 juin). Remplacer un homme, mais gagner moins cher que lui. *La Presse,* p. 24.

Thèses

• une thèse non publiée répertoriée dans le *Dissertation Abstracts International :*
Classon, M.E. (1964). A correlation study of elementary school teachers' attitudes toward children and teaching and toward supervision (Thèse de doctorat, The State University, 1963). *Dissertation Abstracts International, 24,* 3599A.

• une thèse non publiée ni répertoriée :
Pinet, A.L. (1981). *L'attitude de l'enseignant franco-phone du Nouveau-Brunswick face à l'évaluation du dit enseignant.* Thèse de maîtrise non publiée, Université de Moncton, Nouveau-Brunswick.

Rapports de recherche

• une publication gouvernementale :
Gouvernement du Québec, ministère de l'Éducation (1977). *L'enseignement primaire et secondaire au Québec. Livre vert.* Québec : Direction générale des publications gouvernementales.

• une publication gouvernementale (rapport) :
Bordeleau, L.-G., Lallier, R., & Lalonde, A. (1980). *Les écoles secondaires de langue française en Onta-rio : dix ans après.* (Rapport n° ONO1161). Toronto : ministère de l'Éducation.

Documents audio-visuels

• un film :
Poirier, A.C., réalisatrice, (1980). *Mourir à tue-tête* [Film]. Montréal : ONF.

• une cassette :
Beau Dommage. (1984). *Beau Dommage au forum de Montréal.* St-Laurent, Québec. Polygram Inc.

• un programme d'ordinateur :
Chénard, E. (1984). *Homophones grammaticaux* [Programme d'ordinateur]. Laval, Québec : Éditions FM.

3. Types de bibliographie[12]

Il existe différentes façons de regrouper les documents dans la bibliographie. Vous pouvez opter pour celle qui correspond le mieux à votre travail; il s'agit d'indiquer la formule retenue :
• *par ordre alphabétique : pour une présentation globale de la documentation;*
• *par type de document : surtout lorsqu'on a abondamment utilisé des documents autres que des livres;*
• *par chapitre de travail : quand chaque section a une documentation qui lui est propre;*
• *par ordre chronologique des documents : pour faire ressortir l'évolution d'une idée.*

71

Notes

1. « L'Amérique révise ses humanités », *L'Express,* 25 décembre 1987.
2. Bissonnette, Lise, Colloque national sur l'éducation générale, Université de Saskatchewan, octobre 1987.
3. Au moment de remettre le manuscrit de ce texte, nous trouvons la réédition (1986) du livre de Jean Guitton, *Le travail intellectuel.* En préface, l'auteur écrit : « ... il n'y a pas d'éducateurs mais seulement des gens qui montrent aux autres comment ils s'y prennent pour s'éduquer eux-mêmes. » Puis : « Cet ouvrage est conforme à l'esprit de notre enseignement... qui n'est pas d'apprendre mais d'*apprendre à apprendre.* » Enfin, l'auteur note : « Un jour, au Lycée de Moulins, l'Inspecteur général m'avait surpris révélant mes « secrets » [c'est-à-dire montrant aux étudiants *comment on fait* pour écrire]. Et il m'avait dit après la classe : « Si vous entrez dans cette voie des confidences, que deviendra notre prestige? »
4. Gilligan, C. (1982). *In a Different Voice : Psychological Theory and Women's Development.* Boston : Harvard University Press. Gilligan met en question certains aspects des travaux de Kohlberg sur le développement du jugement moral. À titre indicatif : 1) l'échantillonnage composé exclusivement de garçons, 2) la pratique de jugements formels portant sur des dilemmes hypothétiques, 3) le bien fondé de certaines conclusions, celle, par exemple, qu'un jugement moral fondé sur le souci de l'ordre social (stade 4) dénote un développement supérieur à un jugement moral basé sur le souci des bonnes relations interpersonnelles (stade 3). Gilligan propose, plutôt qu'une éthique de type déontologique fondée sur un principe de justice sociale (celle de Kohlberg), une éthique de type téléologique, fondée sur un principe de *caring* ou d'amour.
5. L'inférence est l'opération mentale par laquelle une proposition qui n'est pas encore connue directement (par exemple : « Minou aime-t-il le poisson? ») est admise, à cause de son lien direct avec une proposition qui, elle, est connue et reconnue comme étant vraie. (Dans ce cas : « Les chats aiment le poisson ».) L'inférence se fait par mode de déduction et par mode d'induction. Il s'agit de deux mouvements complémentaires de l'esprit. Dans la déduction, la proposition nouvelle est la conséquence logique de la proposition connue. L'esprit part d'une vérité plus générale pour en tirer une vérité plus particulière. Ainsi, par exemple : « Les chats aiment le poisson. Donc, mon chat aime le poisson ».

Dans l'induction, l'esprit part d'une vérité plus particulière pour proposer une vérité plus générale. Exemple : Esther, Sarah, Sophie poursuivent des études d'ingénierie. Donc, les facultés de génie sont plus ouvertes aux femmes. Dans ce type de jugement, il faut compter avec les risques de la généralisation.

6. Cet exercice répond à la description du compte rendu (Voir chapitre IV, A, I, c.) Ce genre littéraire a été choisi aux fins du présent exercice, parce qu'il permet deux opérations fondamentales de l'esprit. Par son aspect « résumé », le compte rendu met en œuvre la capacité de comprendre; par son aspect « commentaire », il fait appel à la capacité de juger. Le commentaire a, de plus, l'avantage d'être un genre ouvert, qui permet d'expliquer de quoi il est question, d'examiner divers aspects de la question, de développer une question par observations, réflexions, comparaisons, illustrations, d'exposer, s'il y a lieu, le pour et le contre d'une question, de démontrer la vérité ou le bien-fondé des propositions majeures d'un texte (Colson, 1988, p. 20).

Quant au texte de Durkheim, il a le mérite d'être un classique écrit en une langue accessible. On y trouve clairement exprimés le thème général basé sur l'observation des faits, une problématisation intéressante de ce thème, une interprétation raisonnable et, par certains côtés, discutable de ces mêmes faits et des hypothèses de solution qui gardent, encore aujourd'hui, une bonne mesure de pertinence.

7. Cette section s'inspire largement de Lacharité, Normand, *Méthodologie de la pensée écrite,* pp. 210-235.

8. Le paralogisme est un raisonnement fondé sur une erreur involontaire, par exemple dans une généralisation hâtive. Le sophisme est un raisonnement fondé sur une erreur intentionnelle. Exemple : Les instants merveilleux sont précieux. Or, les instants merveilleux demandent des fleurs de même qualité... Or, le fleuriste FTD offre ce qu'il y a de mieux. Donc, pour vos instants merveilleux, vous devez choisir le fleuriste FTD » (Colson, 1988, p. 56; pp. 60-61).

9. UNESCO, *Code du bon usage en matières scientifiques,* cité par Colson, 1988, p. 102.

10. Au sujet des préjugés sexistes, les documents du Conseil du Trésor du Canada, du Conseil consultatif canadien de la situation de la femme et celui de l'Office de la langue française du Québec contiennent des renseignements utiles. On trouvera les références complètes en bibliographie.

11. Les sections *a* à *g* sont une adaptation du texte de Goulet et Lépine (1987, pp. 144-146).

12. Goulet et Lépine (1987, p. 46).

Bibliographie

Adler, M., & Doren, C.W. (1964). *Comment lire les grands auteurs* (Traduction L.-A. Bélisle). Québec : Bélisle.

American Psychological Association. (1984). *Publication Manual of the American Psychological Association* (3rd ed.). Washington, DC : Author.

Beaud, M., (1985). *L'art de la thèse. Comment préparer et rédiger une thèse de doctorat, un mémoire de D.E.A. ou de maîtrise ou tout autre travail universitaire.* Paris : La Découverte.

Beaud, M., & Latouche, D. (1988). *L'art de la thèse. Comment préparer et rédiger une thèse, un mémoire ou tout autre travail universitaire.* Québec : Boréal.

Bernier, B. (1979). *Guide de présentation d'un travail de recherche.* Montréal : Presses de l'Université du Québec.

Charmot, F. (1932). *La teste bien faicte.* Paris : Éditions Spes.

Clapin, S. (1974). *Dictionnaire canadien-français. Langue française au Québec* (3ᵉ section). Québec : Presses de l'Université Laval.

Colson, J. (1988). *Le dissertoire. De l'art de raisonner et de rédiger.* Bruxelles : Éditions Saint-Martin.

Conseil du trésor du Canada. (1982). Élimination des stéréotypes sexuels. Dans *Manuel de la politique administrative* (chapitre 484). Ottawa : Gouvernement du Canada.

Conseil consultatif canadien de la situation de la femme. (1984). *Vers un langage non sexiste.* Ottawa : auteur.

Dimnet, E. (1930). *L'art de penser.* Paris : Grasset.

Durkheim, E. (1976). *Le suicide* (5ᵉ éd.). Paris : P.U.F.

Goulet, L., & Lépine, G. (1987). *Cahier de méthodologie* (4º éd.). Montréal : UQAM.

Guitton, J. (1986). *Le travail intellectuel* (2ᵉ éd.). Paris : Montaigne.

Heidegger, M. (1967). *Qu'appelle-t-on penser?* Paris : P.U.F.

Huisman, D. (1984). *Dictionnaire des philosophes.* Paris : P.U.F.

Humblet, J.E. (1978). *Comment se documenter?* Paris : Fernand Nathan.

Lacharité, N. (1987). *Introduction à la méthodologie de la pensée écrite.* Québec : Presses de l'Université du Québec.

Lapointe, J., & Eichler, M. (1985). *Le traitement objectif des sexes dans la recherche.* Ottawa : Conseil de recherches en sciences humaines du Canada.

Legendre, R. (1988). *Dictionnaire actuel de l'éducation.* Montréal : Larousse.

Létourneau, J. (1989). *Le coffre à outils du chercheur débutant. Guide d'initiation au travail intellectuel.* Don Mills, Ontario : Oxford University Press.

Morgon, T.C., & Deese, J. (1968). *Comment étudier* (Traduction A. Roy). Montréal : McGraw-Hill.

Office de la langue française. (1986). *Titres et fonctions au féminin : essai d'orientation de l'usage* (Publication n° 86-6090). Québec : Gouvernement du Québec.

Sertillanges, A.G. (1965). *La vie intellectuelle, son esprit, ses conditions, ses méthodes.* Paris : Cerf.

Ce livre est imprimé sur
du papier contenant plus
de 50% de papier recyclé
dont 5% de fibres recyclées.

Achevé d'imprimer
en mars mil neuf cent quatre-vingt-onze
sur les presses de
l'Imprimerie Gagné,
à Louiseville (Québec)